Bernd Brümmer

GARANTIERT E-GITARRE LERNEN

Solo- und Rhythmus Gitarre spielerisch leicht lernen
ohne Vorkenntnisse
für Anfänger und Wiedereinsteiger
mit Internet Unterstützung

PLEKTRUMTECHNIK
POWERCHORDS
AKKORDE
ARPEGGIOS
VOICINGS
SLIDE
HAMMER-ON
PULL-OFF
DOUBLE-STOPS
TIMING
BEND
MUTE
SOUNDS
EQUIPMENT

Autor und Verlag bestätigen, dass das vorliegende Buch sorgfältig erarbeitet und einer mehrmaligen, gewissenhaften Kontrolle unterzogen worden ist. Sollten Sie dennoch einen Fehler entdecken, würden wir uns über eine kurze Nachricht freuen.

Über den Autor:

Bernd Brümmer, Jahrgang 1962, lernte Gitarre und Gesang autodidaktisch. Er spielt und singt in verschiedenen Bands und ist darüber hinaus erfolgreich tätig als Gitarrenlehrer, Songwriter und Buchautor u.a. von dem Bestseller
GARANTIERT GITARRE LERNEN:
Buch mit CD   ISBN 13: 978-3-933136-16-9
Buch mit DVD   ISBN 13: 978-3-933136-52-7

Zum Lieferumfang dieser ALFRED-Publikation gehören dieses Buch und zwei Audio-CDs. Weitere Unterstützung erhältst du im Internet auf **www.gitarrespielen.net**.

© Copyright 2004 by
Alfred Music Publishing GmbH
Lützerathstraße 127
51107 Köln
E-Mail: info@alfredverlag.de
Internet: www.alfredverlag.de

Covergestaltung: Petra Weißenfels, Neustadt/Wied
Layout, Redaktion & Lektorat: Thomas Petzold
Fotos: Bernd Brümmer, Wertheim
CD-Einspielung & Recording: Bernd Brümmer
Alle Musikbeispiele und Stücke: Bernd Brümmer © 2004 by **Alfred** Music Publishing GmbH
Mastering: Bernd Brümmer

Printed in Germany
ISBN 3-933136-24-5
Best.-Nr. ALF 20111G

**Garantiert E-Gitarre lernen
Auch mit DVD erhältlich!**
GARANTIERT E-GITARRE LERNEN MIT DVD
DIN A4, 128 Seiten, 1 DVD
Art.-Nr. 20130G
ISBN 10: 3-933136-53-9
ISBN 13: 978-3-933136-53-4

Intro

Mit GARANTIERT E-GITARRE LERNEN lernst du schnell und ohne Umwege, E-Gitarre zu spielen. Meine erfolgreich erprobte Methode wird dich spielerisch in kleinen, aufeinander abgestimmten Schritten voran bringen - bis hin zu deinem Gesellenstück: einem Solo im Stile von *Carlos Santana*.

GARANTIERT E-GITARRE LERNEN umfasst in einem Band alle wichtigen Bereiche wie *Melodie-/Solospiel, Begleitung, Equipment, Sounds*. Jeder Aspekt wird von Grund auf erklärt. Mit *über 300 Licks, Riffs* und *Übungen* geht es dabei stets praktisch zur Sache. Du lernst *Anschlagen* und *Abdämpfen*, typische Spieltechniken wie z.B. *Hammer-On, Pull-Off, Bend*, spielen nach *Tabulatur* (der besten Notationsform für Gitarre) ebenso wie *Akkorde, Arpeggios* und noch vieles mehr!

Auf den *beiden beiliegenden CDs* kannst du stets genau hören, wie es klingen soll. Die Übungen und Beispiele sind in *anfängergerechtem Tempo* aufgenommen. Auch lernst du die wichtigsten Stilistiken der Rockmusik kennen (dem Hauptgebiet der E-Gitarre): *Pop-Rock, Blues, Rock'n'Roll, Funk, Classic Rock, New Rock, Latin Rock*.

Die *Playalongs/Playbacks* wurden mit echtem Schlagzeuger und Bassisten *live eingespielt*, sodass du das Gelernte zusammen mit einer richtigen Rockband anwenden kannst.

Eine Menge *Fotos* und *Grafiken* dienen der Veranschaulichung (denn nicht selten sagt ein Bild mehr als tausend Worte). Darüber hinaus helfen dir *Tipps* und *Hinweise*, Spielfehler zu erkennen und Irrwege zu vermeiden. Und hast du trotzdem noch Fragen, findest du weitere Unterstützung auf meiner Website *www.gitarrespielen.net*.

Viel Spaß und Erfolg wünscht dir

Der erfolgreiche Weg

- spielerisch leicht lernen
- ohne Vorkenntnisse
- für Anfänger und Wiedereinsteiger
- kleine überschaubare Schritte
- alle Grundlagen
- umfassend und komplett
- Melodie-/Solospiel und Begleitung
- Spieltechniken
- Akkorde
- Sounds
- Equipment
- die wichtigsten Rock-Styles
- zwei CDs
- Tipps und Hinweise
- Internet-Unterstützung

Inhalt

Intro 3
Tipps für erfolgreiches Lernen / CD-Übersicht 6

1
Equipment 7
Die E-Gitarre 8
Der Verstärker 9
Das Zubehör 10
Umgang und Pflege 11
Das Stimmen 12
Spielwiese 13

2
Spieltechniken I 15
Haltung, Schlaghand und Greifhand 16
Das Plektrum und der Abschlag 16
Die Tabulatur 19
    Die Viertelnote 19
    Takt, Zählzeiten, Beat 20
Das Greifen von Tönen 21
    Greifen mit Zeige- und Ringfinger 22
Abdämpfen einer gegriffenen Saite 23
Die Viertelpause 23
Greifen mit Zeige-, Mittel- und Ringfinger 24
Leersaiten und gegriffene Töne 25
Die Achtelnote 26
Abdämpfen von Leersaiten mit der Greifhand 28
Die Achtelpause 29
Abschlag über zwei Saiten 30
Spielwiese Pop-Rock 31

3
Spieltechniken II 33
Aufschlag und Wechselschlag 34
    Der Aufschlag 34
    Der Wechselschlag 34
        Der Haltebogen 37
    Halbe Note und Halbe Pause 38
Slide 40
    Slide-in und Slide-out 40
Double-Stops 42
Spielwiese Rock 'n' Roll - Back to the Fifties 45

4
Powerchords 49
Der Power-Griff 50
    Das Griffdiagramm 50
    Tabulatur- und Rhythmusdarstellung 51
    Verschieben des Power-Griffs 52
    Übertragen des Power-Griffs auf andere Saiten 52
    Wechselschlag bei Powerchords 53
Umkehrung von Powerchords 54
1. Die Quinte wechselt die Position 54
2. Der Grundton wechselt die Position 56
Powerchords in Grundstellung und Umkehrung 57
Powerchords mit verdoppelten Tönen 57
Powerchords über drei Saiten in *Grundstellung* 57
Powerchords über drei Saiten in *Umkehrung* 59
Powerchords mit offenen Saiten 60
Abdämpfen mit der Schlaghand 61
Der Shuffle 62
Spielwiese Blues Rock - Blues Rock Shuffle 63

5

Sound 65
Die Soundkette 66
Saitenschwingung 66
   Rahmenbedingungen der Gitarre 66
   Hände und Finger 67
Tonabnehmer 68
Verstärker 69
Effekte 71
Lautsprecher 72
Spielwiese 73

6

Spieltechniken III 75
Koordination von Greifhand und Schlaghand 76
Timing 78
Weitere Notenwerte 79
   Ganze Note und Ganze Pause 79
   Sechzehntelnote und Sechzehntelpause 80
Spielen auf abgedämpften Saiten 82
   Mit der Greifhand abgedämpfte Saiten 82
Mit der Schlaghand abgedämpfte Saiten - Palm mute 83
Spielwiese: Funk 85

7

Akkorde 87
Der Aufbau von Akkorden 88
   Die Intervalle 88
   Die Akkordsymbole 89
Die fünf Basis-Akkordgriffe - C, A, G, E, D 90
   Der D Akkord 90
   Der A Akkord 91
   Der E Akkord 92
Der G Akkord 93
Der C Akkord 94
Moll-Dreiklänge: Em, Am, Dm 96
   Punktierte Noten 97
Kreativer Umgang mit Akkorden 98
   Verschieben von Akkordgriffen 98
   Voicings 100
Spielwiese: Classic Rock 101

8

Arpeggios 103
Akkord und Arpeggio 104
Arpeggio-Griffdiagramme zu den fünf Basis-Akkordgriffen 104
Arpeggio-Griffdiagramme in Moll 107
Spielwiese: New Rock 109

9

Spieltechniken IV 113
Hammer-on 114
Pull-off 115
Kombination von Hammer-on und Pull-off 116
   Hammer-on und Pull-off mit Leersaiten 117
Bend 118
   Bend-in 119
   Unisono-Bend 119
Hold-Bend 120
Spielwiese: Latin Rock - Santa Anna 121

10

Anhang 125
Abkürzungen und Symbole 126
Die römischen Zahlen 126
Die Stammtöne auf dem Griffbrett 127
Konventionelles Stimmen der Saiten 127
Das Aufziehen der Saiten 128
Lösungen 129

Tipps für erfolgreiches Lernen

▸ Jeder Schritt baut auf dem vorhergehenden auf. Halte dich deshalb an die Reihenfolge.

▸ Den besten Trainingseffekt erzielst du, wenn du die einzelnen Übungen „im Kreis" spielst. Auch wenn nur eine Wiederholung notiert sein sollte, spiele die Übung ohne Unterbrechung mehrfach hintereinander.

▸ Am schnellsten lernst du, wenn du stets *sehr langsam* beginnst! Steigere dein Spieltempo erst nach und nach.

▸ Wiederhole regelmäßig auch „ältere" Übungen, Licks, Riffs und Stücke. So merkst du, was du schon gut kannst und wo du noch dran arbeiten musst.

▸ Lege immer wieder Pausen ein. Deine Hände können sich entspannen und das Gelernte kann sich setzen.

Übersicht CD 1

Nr.	Kurztitel	Seite
01	Stärke des Abschlags	18
02	Anschlagwinkel	18
03	Viertelübung	20
04	Das erste Stück	20
05	Fingerübung 1 c/d	23
06	Abdämpfübung	23
07	Chromat. Fingerübung	24
08	Fingerübung 2	25
09	Licks mit Viertelnoten	26
10	Achtelübung 1	27
11	Achtelübung 3	27
12	Achtelübung 4	28
13	Achtelübung 5	28
14	Licks mit Achtelnoten	28
15	Abdämpfübung Leersaiten	29
16	Achtellick mit Pausen	30
17	Abschlagübung 1 (2 Saiten)	30
18	Abschlagübung 2 (2 Saiten)	30
19	*Pop-Rock Song* (Voll-Pb)	31
20	*Pop-Rock Song* (o. Git. 1)	32
21	*Pop-Rock Song* (Git. 2 solo)	32
22	*Pop-Rock Song* (o. Git. 2)	32
23	Wechselschlagübung 1	34
24	Wechselschlagübung 2 d/e	35
25	Wechselschlagübung 3	36
26	Achtelpausenübung	36
27	Licks mit Wechselschlag	36
28	Haltebogenübung	37
29	Achtel/Viertel/Halbe Licks	39
30	Slide aufwärts	40
31	Slide-in	41
32	Slide-out	41
33	Licks mit Slide	41
34	Double Stop Barréübung	42
35	Licks mit Double-Stops 1	43
36	Licks mit Double-Stops 2	43
37	Double-Stops und Slide-in	44
38	Licks (Double-Stops/Sl.-in)	44
39	*Back to the Fifties* (Voll-Pb)	45
40	*Back to the Fifties* (Lead 1)	46
41	*Back to the Fifties* (Lead 2)	46
42	*Back to the Fifties* (Lead 3)	46
43	*Back to the Fifties* (Lead 4)	46
44	*Back to the Fifties* (Lead 5)	47
45	*Back to the Fifties* (Lead 6)	47
46	*Back to the Fifties* (Lead 7)	47
47	*Back to the Fifties* (Lead 8)	47
48	*Back to the Fifties* (Lead 9)	47
49	*Back to the Fifties* (o. Lead)	45
50	Powerchord C5 Übung 1	51
51	Powerchord C5 Übung 2	51
52	PC Übung C5 - D5 - Bb5	52
53	PC Wechselschlag	53
54	PC Riffs	54
55	PC Umkehrungen 1	55
56	Riffs (PC Umkehrung 1)	55
57	PC Umkehrungen 2	56
58	Riffs (PC Umkehrung 2)	57
59	PC (Grundstg./Umkehrg.)	57
60	PC über 3 Saiten	58
61	Riff 1 (PC über 3 Saiten)	58
62	Riff 2 (PC über 3 Saiten)	58
63	Riff 3 (PC über 3 Saiten)	59
64	PC (Umkehrg. üb. 3 Saiten)	59
65	Riffs (PC in Grundstg./Umk.)	60
66	PC Bluesschema	60
67	Abdämpfen mit Schlaghand	61
68	Riff (Abdämpfen m. Schlaghd.)	62
69	Shuffleübung	62
70	*Blues Rock Shuffle* (Voll-Pb)	64
71	*Blues Rock Shuffle* (Git. solo)	64
72	*Blues Rock Shuffle* (o. Gitarre)	64
73	Anschlagposition	68
74	Riff (Anschlagposition)	68
75	Lick (Pickup-Schaltungen)	69
76	Übung Grundsounds	71
77a-e	Effekte	71

Übersicht CD 2

Nr.	Kurztitel	Seite
01	Koordinationsübung 2	76
02	Koordinationsübung 4	77
03	Koordinationsübung 5	77
04	Timingübung 2	78
05	Timingübung 3	78
06	Timingübung 4	79
07	Riff mit Ganzer Note	80
08	Sechzehntelübung	81
09	Sechzehntel Lick 1	81
10	Sechzehntel Lick 2	81
11	Funky Lick	82
12	Mute Übung	82
13	Mute Lick	83
14	Palm mute Übung	83
15	Palm mute Lick	84
16	Palm mute Riff 1	84
17	Palm mute Riff 2	84
18	Palm mute Riff 3	84
19	*Funk Song* (Voll-Pb)	85
20	*Funk Song* (Gitarre 1 solo)	86
21	*Funk Song* (ohne Gitarre 1)	86
22	*Funk Song* (Gitarre 2 solo)	86
23	*Funk Song* (ohne Gitarre 2)	86
24	Übung D Akkord	90
25	Übung A Akkord	91
26	Akkordwechsel D und A	92
27	Übung E Akkord	92
28	Akkordwechsel A - E - D	93
29	Übung G Akkord	94
30	Akkordwechsel G und D	94
31	Übung C Akkord	95
32	Akkordwechsel G - D - C	95
33a-c	Akkord Riffs	95
34	Übung Em Akkord	96
35	Übung Am Akkord	96
36	Übung Dm Akkord	97
37a-c	Riffs (Moll und Dur Akk.)	97
38a-e	Riffs (versch. Akk.griffe)	99
39a-c	Voicing Riffs	101
40	*Classic Rock Song* (Voll-Pb)	101
41	*Classic Rock Song* (o. Gitarre)	102
42	Übung C-Dur Arpeggio	105
43	Übung A-Dur Arpeggio	106
44	Übung G-Dur Arpeggio	106
45	Übung E-Dur Arpeggio	106
46	Übung D-Dur Arpeggio	106
47a-b	Dur-Arpeggioübungen	107
48	Übung Em Arpeggio	108
49	Übung Am Arpeggio	108
50	Übung Dm Arpeggio	108
51	Moll-Arpeggioübung	108
52	*New Rock Song* (Voll-Pb)	109
53	*New Rock Song* (ohne Git. 1)	110
54	*New Rock Song* (ohne Git. 2)	111
55	Übung Hammer-on	114
56	Übung Pull-off	115
57	Kombination H - P	116
58	Lick Kombination H - P	116
59	H - P Licks mit Leersaiten	117
60	Übung Bend	118
61	Bend Licks	119
62	Bend-in Licks	119
63	Licks mit Unisono-Bend	120
64	*Santa Anna (Latin)* (Voll-Pb)	121
65	*Santa Anna* (Lead 1)	122
66	*Santa Anna* (Lead 2)	122
67	*Santa Anna* (Lead 3)	122
68	*Santa Anna* (Lead 4)	122
69	*Santa Anna* (Lead 5)	122
70	*Santa Anna* (Lead 6)	122
71	*Santa Anna* (Lead 7)	122
72	*Santa Anna* (Lead 8)	122
73	*Santa Anna* (Lead 9)	122
74	*Santa Anna* (Lead 10)	122
75	*Santa Anna* (Lead 11)	122
76	*Santa Anna* (Lead 12)	123
77	*Santa Anna* (ohne Lead)	124

Garantiert E-Gitarre lernen

1 Equipment

Das lernst du:

Grundbegriffe
Die E-Gitarre
Der Verstärker
Kauftipps
Zubehör
Umgang und Pflege
Das Stimmen

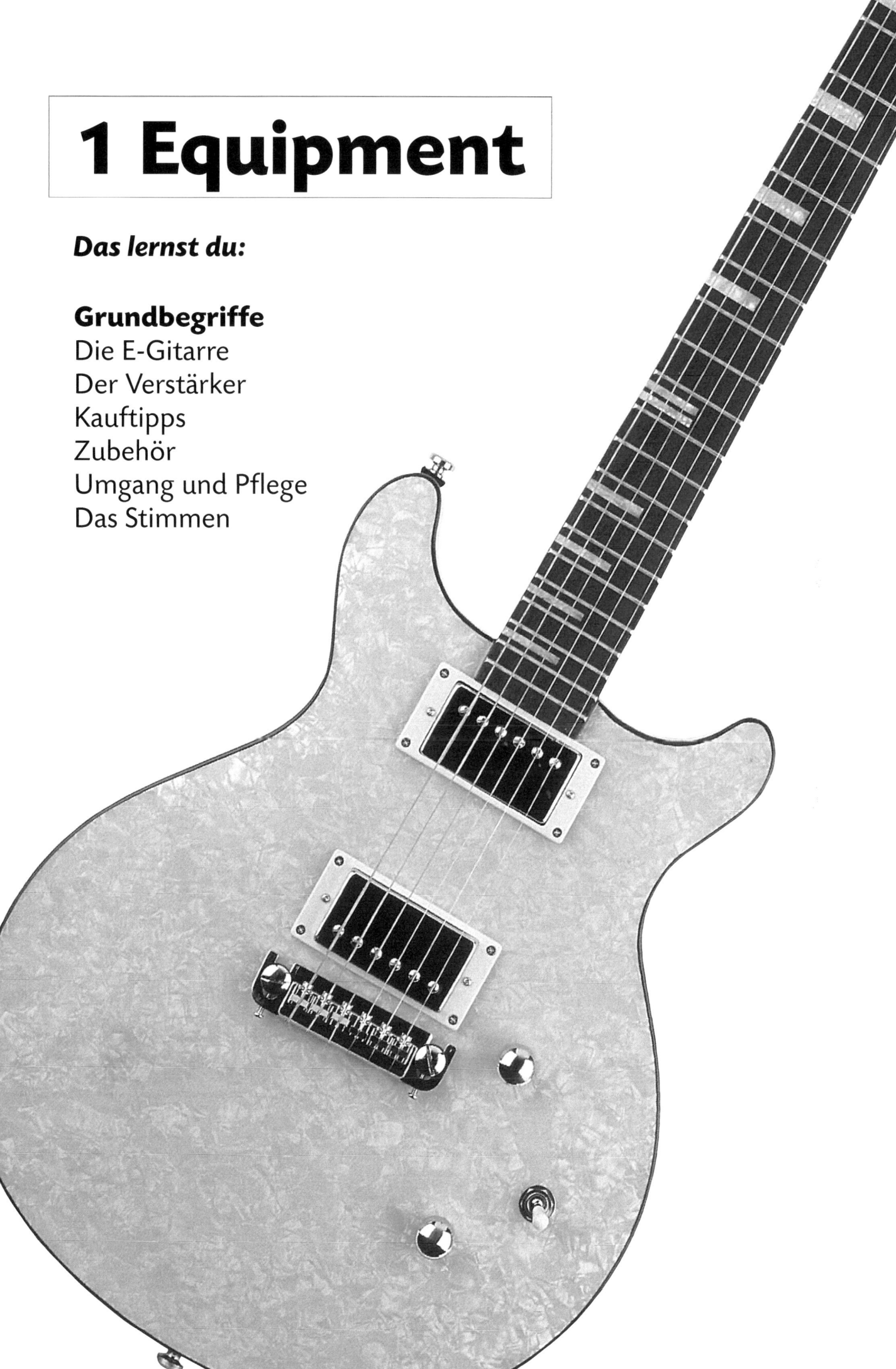

1 Equipment

Equipment bezeichnet die gesamte *Ausrüstung*, die du zum Musikmachen brauchst. Die Grundausstattung eines E-Gitarristen besteht aus *Gitarre, Verstärker* und *Lautsprecher, Kabel, Gurt, Plektren, Tasche/Koffer, Stimmgerät*. Im Folgenden stelle ich dir die wichtigsten Bezeichnungen und Bedienungselemente vor, gebe dir Tipps, worauf du beim Kaufen achten solltest, sowie Hinweise zu Umgang und Pflege, damit du möglichst lange Freude an deinem Equipment hast. Selbstverständlich lernst du auch, die Gitarre zu stimmen. Einen Schritt weiter geht es dann im *Kapitel 5 „Sound"*. Dort wirst du erfahren, wie die verschiedenen Teile des Equipments zusammenwirken und wie du das Beste herausholen kannst. Da Englisch die E-Gitarren-Fachsprache ist, habe ich die meisten Begriffe zweisprachig aufgeführt.

Die E-Gitarre

Das *Griffbrett* ist zur besseren Orientierung am *dritten, fünften, siebten, neunten, zwölften Bund usw.* markiert.

Die beiden *Tonabnehmer* werden nach ihrer Position unterschieden:

Der Tonabnehmer, der am Ende des Halses sitzt, heißt **Halspickup**, der beim Steg heißt **Stegpickup**.

Mit dem *Pickup-Schalter* kann man die Tonabnehmer anwählen: jeden einzeln oder zusammen.

Die *Poties* (Kurzform von *Potentiometer*) regeln die *Lautstärke* (*Volume*) und den *Klang* (*Tone*). Je nach Gitarrenmodell kann es mehr oder weniger Schalter und Regler geben.

Die *Ausgangsbuchse* (*Output Jack*) ist bei der abgebildeten Gitarre an der Seite angebracht und deshalb nicht zu sehen. Hier hinein steckst du den einen *Klinkenstecker* deines Gitarrenkabels. Das andere Ende geht zum Verstärker (▶ S. 9).

Kauftipps

Vor dem Kauf einer E-Gitarre solltest du auf folgende Dinge achten:

Verarbeitung

Selbstverständlich sollte die Gitarre tadellos verarbeitet sein. Prüfe:

- *Ist der Hals gerade?*
- *Haben die Bundstäbchen keine scharfen Kanten?*
- *Ist die Lackierung gleichmäßig?*
- *Sind die Stimmmechaniken leichtgängig?*

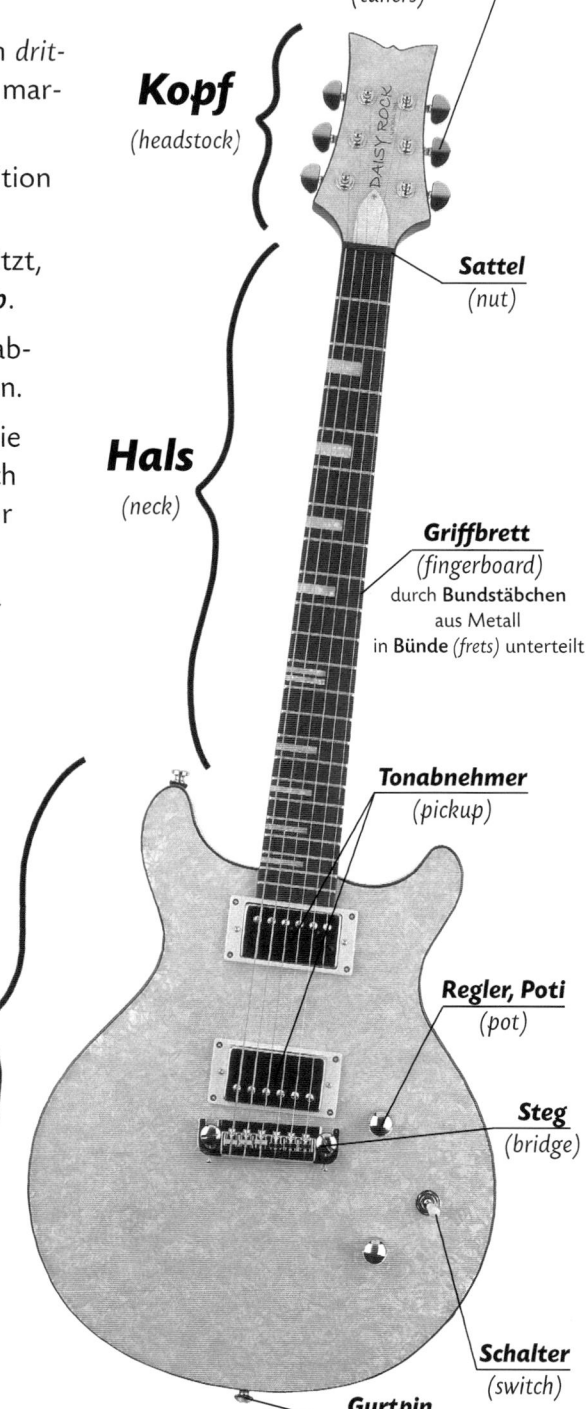

Bespielbarkeit

- *Liegt der Hals gut in deiner Hand - nicht zu dick, aber auch nicht zu dünn?*
- *Eine niedrige Saitenlage ist von Vorteil: Verlaufen die Saiten mit kleinem Abstand über die Bünde, sodass du die Saiten nicht so weit und fest herunter zu drücken brauchst?*

Dieser *Saitenabstand* nimmt vom Kopf der Gitarre zum Korpus hin minimal zu. Wenn du am Übergang Hals/Korpus deine Finger zwischen Saiten und Griffbrett durchstecken kannst, ist das also deutlich zu viel. Ist die Saitenlage andererseits zu niedrig und/oder sind der Hals und die Bundstäbchen schlecht abgerichtet, scheppern und schnarren die Saiten. Das sollte bei normalstarkem Anschlag über das ganze Griffbrett hinweg nicht vorkommen. Lediglich ein leichtes(!) Klirren der Saiten an manchen Stellen ist tolerierbar, da es in der Regel über den Verstärker nicht hörbar sein wird (ausprobieren).

Sound

Der Klang muss *dir* gefallen. Prüfe:

- *Klingt die Gitarre ausgewogen, sind Bässe und Höhen vertreten?*
- *Schwingen die Saiten lange (Sustain)?*
- *Prüfe die Gitarre auf sogenannte "**dead spots**" hin. Das sind Stellen, an denen ein Ton im Vergleich zum benachbarten Ton wesentlich dünner und kürzer klingt ("abstirbt"). Teste dazu auf jeder Saite Bund für Bund jeden Ton.*

Preis

Heutzutage gibt es bereits im Einsteigerbereich gute Gitarren. Viele Hersteller bieten auf Grund moderner Fertigungsmethoden ein hohes Niveau für einen überraschend geringen Preis. Eine gute Einsteigergitarre bekommt man für einen Neupreis zwischen ca. 150 und 300 Euro.

Der Verstärker

Der *Verstärker (amplifier, amp)* macht die E-Gitarre laut hörbar. An der *Eingangsbuchse (Input Jack)* wird die Gitarre mit dem Kabelende (*Klinkenstecker*) angeschlossen. Eine ganze Reihe von Reglern erlaubt es, die Lautstärke und den Klang zu beeinflussen.

Eingangsbuchse (input jack)

Kauftipps

Mindestausstattung

- *Lautstärkeregler* für Vorstufe (*gain*) und Endstufe (*volume/ master*),
- *Klangregelung* (*Tone*) für Bässe (*Bass*), Mitten (*Middle*) und Höhen (*Treble*), Hall (*Reverb*).

Ich empfehle dir einen *Combo*, zu deutsch *Kofferverstärker* (vgl. Foto). Er besteht aus Verstärker und Lautsprecher in einem Gehäuse, ist kompakt, unkompliziert und der ideale Einstiegs- und Übungsamp. Besitzt der Verstärker einen *zweikanaligen* Aufbau, kannst du z.B. Kanal 1 für unverzerrte und Kanal 2 für verzerrte Sounds verwenden. Als praktisch erweist sich auch ein *Kopfhörerausgang*, sodass du spielen kannst, ohne jemanden zu stören.

1 Equipment

Leistung

Für zu Hause reicht ein kleiner Verstärker völlig aus (10 bis 30 Watt). Größere Leistung ist dann notwendig, wenn du zum Beispiel vor hast, in einer Band zu spielen oder Auftritte zu machen. Dafür braucht es mehr Leistung (Röhrenverstärker ab 40 W, Transistorverstärker ab 60 W). Wenn das mit der Band noch nicht aktuell ist, nimm einen kleineren Amp. Den kannst du auch später noch gut gebrauchen: der große Verstärker steht im Band-Proberaum und den kleinen hast du zu Hause.

Verarbeitung

- Achte darauf, dass alle Bedienelemente funktionieren. Man sollte klangliche Unterschiede hören, wenn man an einem Regler dreht oder einen Schalter betätigt.
- *Sind die Regler **leichtgängig**?*
- *Geben sie „**kratzende**" Geräusche von sich?*

Sound

Der Verstärker sollte die **drei Grundsounds** erzeugen können (▶ *S. 70ff*):

- *clean* (unverzerrt),
- *crunch* (leicht angezerrt) und
- *high gain/lead* (stark verzerrt).

Hierauf solltest du achten:
- *Gefällt dir der Sound, ist er angenehm?*
- *Kann man mit der Klangregelung die Bässe, Mitten und Höhen ausreichend beeinflussen?*
- *Halten sich Nebengeräusche wie Rauschen und Brummen - auch wenn verzerrt und laut eingestellt - in Grenzen?*

Preis

Gute Einsteiger-Combos gibt es z.B. von *Behringer, Crate, Marshall, Peavey* für Neupreise zwischen 100 und 300 Euro.

Das Zubehör

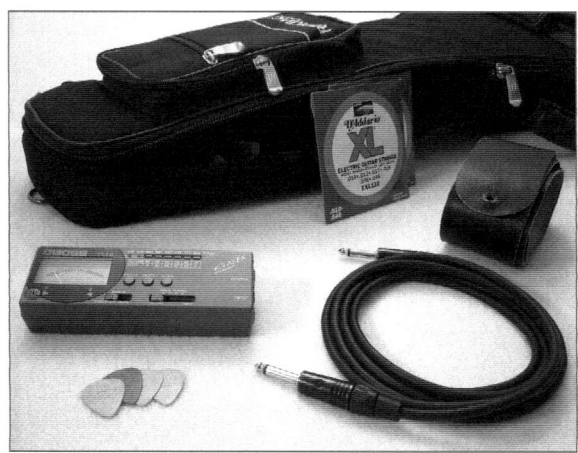

- *Tasche* (*Bag*) oder *Koffer* (*Hard case*) zur Aufbewahrung und zum sicheren Transport der Gitarre
- *Instrumentenkabel* zum Verbinden mit dem Verstärker
- *Gurt*, um die Gitarre umhängen und im Stehen spielen zu können
- *Saiten* (*Strings*)
- *Plektren* (*Picks*) zum Anschlagen
- *Stimmgerät* (*Tuner*)

Umgang und Pflege

Gitarren und Elektronik brauchen ein gewisses Maß an sachgerechter Behandlung, damit sie möglichst lange und vor allem im entscheidenden Moment funktionieren. In den Handbüchern, die Neugeräten beiliegen, wird meist der richtige Umgang und die nötige Pflege dargestellt. Lies diese Anleitungen deshalb sorgfältig. Aber es gibt auch Fälle, in denen die Bedienungsanleitung nicht (mehr) vorhanden oder unvollständig ist. Hier die wichtigsten Ratschläge.

Feuchtigkeit

Weder Gitarre, Verstärker noch sonstige Elektronik dürfen direkt mit Wasser in Berührung kommen. Sorge also stets dafür, dass alles im *Trockenen* steht (z.B. trockener Keller/Proberaum/ausreichende Überdachung bei Open Air Veranstaltungen). Neben Totalschäden drohen auch lebensgefährliche Stromschläge! Nassgewordene elektrische Geräte solltest du von einem Techniker überprüfen lassen, bevor du sie wieder benutzt.

Holz ist ein lebendiger Werkstoff. Trotz Lackierung reagieren auch E-Gitarren auf *Schwankungen* der Luftfeuchtigkeit und der Temperatur. Der beste Platz zur Aufbewahrung ist deshalb immer im geschlossenen *Koffer/Bag*.

Temperatur

Setze dein Equipment *keinen Extremtemperaturen* aus. *Frost* oder *starke Sonneneinstrahlung* können irreparable Schäden hinterlassen. Bewahre die Gitarre bei solcher Witterung nicht längere Zeit im Auto auf; achte bei Freiluft-Veranstaltungen darauf, dass deine Ausrüstung nicht in der prallen Sonne herumsteht usw.

Pflege der Gitarre

Nach jeder ausgiebigen Benutzung:

- *Entferne* Staub, Schweiß, Bierflecken usw. mit einem *weichen Baumwolltuch* von Korpus, Hals, Griffbrett und Saiten. Ansonsten bildet sich auf den Flächen ein schmieriger, hartnäckiger Belag, Saiten altern frühzeitig und Metallteile beginnen zu rosten – außer du stehst auf ein solches Outfit.

- Das *Griffbrett* sollte man bei jedem kompletten Saitenwechsel abreiben, ein unlackiertes Griffbrett zusätzlich neu einlassen (z.B. mit Zitronen-Öl), und die Bundstäbchen auf Hochglanz bringen. Jedes gute Musikgeschäft führt die dafür geeigneten Mittel.

Kabel

Kabel haben die Eigenschaft, sobald sie losgelassen, sich zu verwickeln, Schlaufen und Zöpfe zu bilden und einfach immer im Weg herum zu liegen, um schließlich zum denkbar ungünstigsten Zeitpunkt und aus unerfindlichen Gründen nicht mehr zu funktionieren. Allein die Erfindung des knotenfreien Kabels wäre schon den Nobelpreis wert. Folgende Ratschläge können die Situation verbessern.

- Wickle das Kabel zum Transport möglichst *großschlaufig* auf und zurre diesen Kabelring mit einem Klettband fest.

- Ist ein Kabel bereits stark verdrillt, ziehe es von Anfang bis Ende durch eine fest geschlossene Faust und es wird eine Weile in seinem Verwicklungsdrang gehemmt sein.

- Achte darauf, *nicht* mit Absätzen auf Kabel zu treten, nicht mit einem Rollwagen darüber zu fahren, Kabel nicht abzuknicken und nicht daran zu ziehen. Stecker sehen zwar robust aus, aber meist täuscht der erste Eindruck. Gehe vorsichtig mit diesen Low-Tech Erzeugnissen um.

- Und der *wichtigste* Ratschlag: Habe immer für jedes Kabel einen Ersatz dabei!

Das Stimmen

Voraussetzung dafür, „dass es gut klingt", ist eine gestimmte Gitarre. Zum Glück gibt es handliche, elektronische Geräte, die den Stimmvorgang erheblich vereinfachen. Ein solches *Gitarren-Stimmgerät* wird dich ein Gitarristenleben lang begleiten (z.B. von *Boss, Korg* ab etwa 20 Euro).

Solltest du einmal keines zur Hand haben, kannst du nach der Stimmmethode vorgehen, die im *Anhang auf S. 127* dargestellt ist.

Ein
Anfänger
Der
Gitarre
Braucht
Erfolg

Die Stimmung der Saiten:
e-a-d-g-b*-e

Die Standardstimmung für die sechssaitige Gitarre von der dicksten (= tiefsten) bis zur dünnsten (= höchsten) Saite ist **e a d g b e**.

*Ich halte mich an die *internationalen* Tonbezeichnungen. So entspricht das **b** dem deutschen **h**.

Der Stimmvorgang

- Verbinde E-Gitarre und Stimmgerät mit deinem *Gitarrenkabel*.
- Drehe alle *Regler* der Gitarre voll auf.
- Schalte den *Tuner* ein.

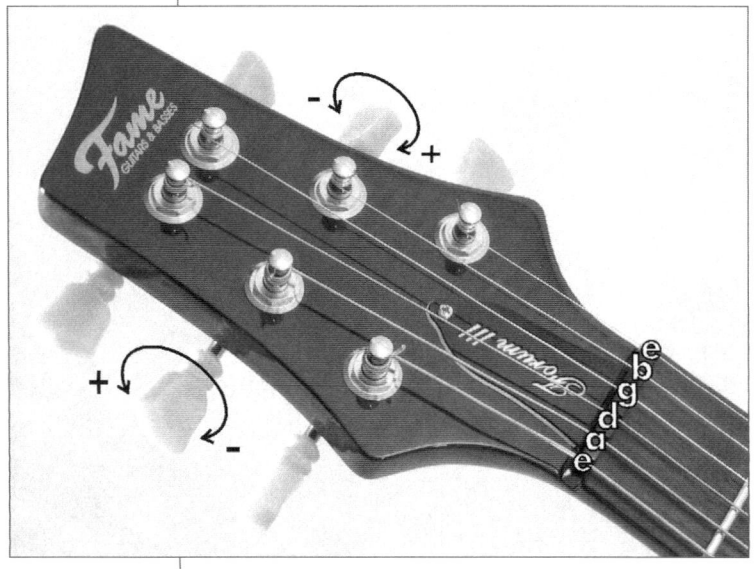

- Gehe jetzt Saite für Saite vor. Ob die Saite zu tief (*flat*) oder zu hoch (*sharp*) klingt, wird im *Display* angezeigt. Ist die Saite richtig gestimmt, befindet sich die Anzeige in der *Nullstellung (Mitte)*.
- Klingt die Saite *zu tief*, muss die *Saitenspannung erhöht* werden. Drehe die Stimmmechanik in Richtung „+", damit die Saite etwas mehr aufgewickelt und dadurch gespannt wird.
- Klingt die Saite *zu hoch*, muss die *Saitenspannung erniedrigt* werden. Drehe die Stimmmechanik in Richtung „-", damit die Saite etwas abgewickelt und dadurch gelockert wird. Gehe in kleinen Schritten vor.

- Weitere Hinweise findest du in der *Bedienungsanleitung* deines Stimmgeräts.

Tipp:

▸ *Die Saiten sollten natürlich richtig herum an der Mechanik befestigt sein, damit der Stimmvorgang in der beschriebenen Weise funktioniert (vergleiche mit obigem Foto).*

▸ *Bei Gitarren mit Klemmsattel wird mittels Feinstimmern am Steg (nach-)gestimmt.*

▸ *Aufziehen neuer Saiten: Anhang, S. 128!*

Garantiert E-Gitarre lernen

Spielwiese

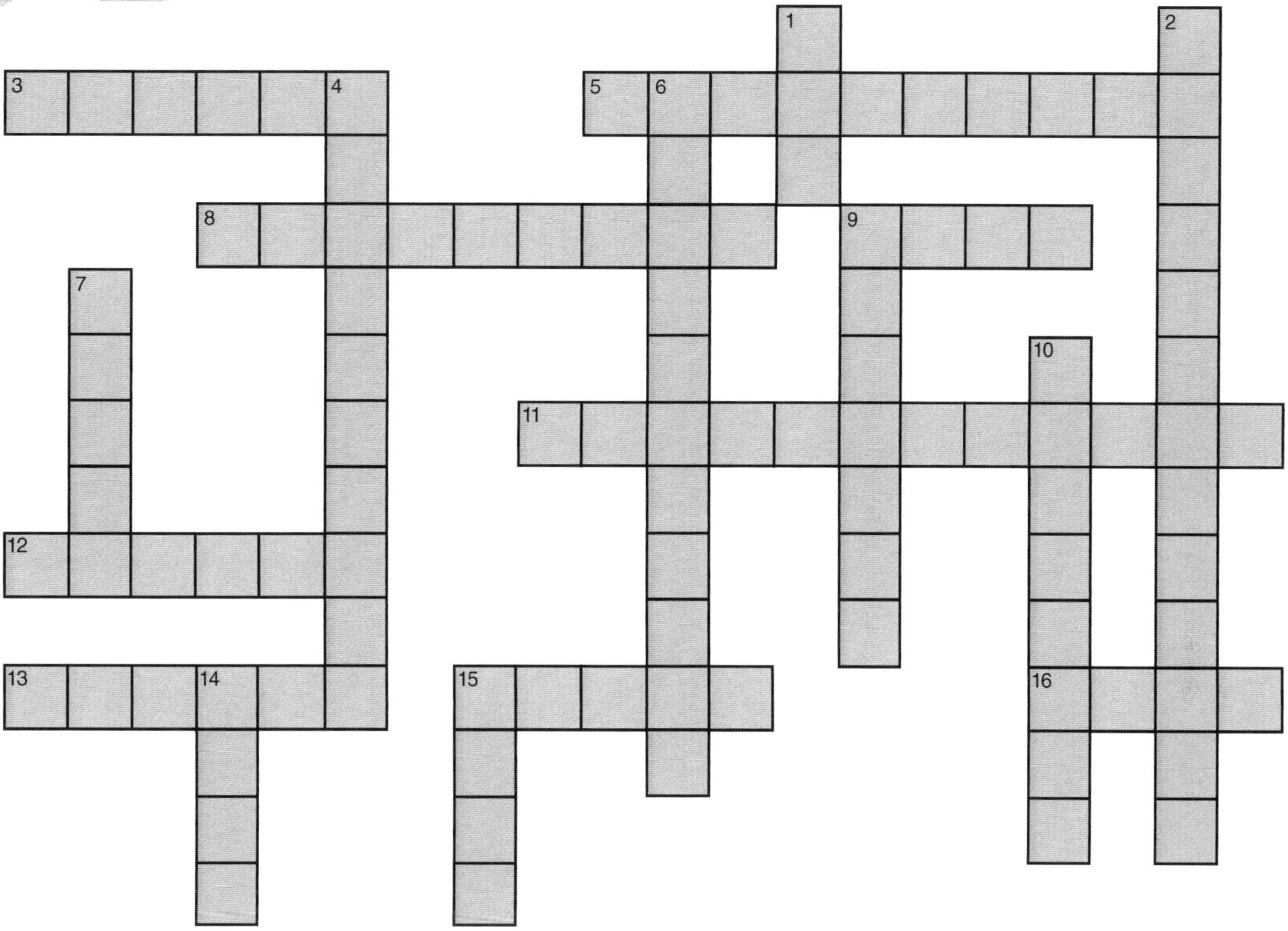

Senkrecht

1. Verstärker, engl.

2. Vorrichtung zum Saitenspannen

4. Volume

6. Pickup

7. Verstärker und Lautsprecher in einem Gehäuse

9. Ausschwingverhalten der Saiten

10. Switch

14. Lautstärkeregler der Vorstufe

15. Reverb

Waagerecht

3. Auflagepunkt der Saiten am Kopf

5. Tuner

8. Ausrüstung

9. Auflagepunkt der Saiten am Korpus

11. Metalldrähte im Griffbrett

12. Hard Case

13. Standardstimmung der Gitarre

15. Treble

16. Regler an der Gitarre für den Klang

2 Spieltechniken I

Das lernst du:

Grundbegriffe
Tabulatur
Takt, Beat
Viertelnote, Viertelpause
Achtelnote, Achtelpause
Wiederholungszeichen
Offene Saite, Leersaite
Lick

Techniken
Haltung
Schlaghand, Greifhand
Plektrum
Abschlag
Anschlagwinkel
Abdämpfen

Style
Pop-Rock

2 Spieltechniken I

Haltung, Schlaghand und Greifhand

Linkshänder schlagen mit der linken Hand. Die rechte Hand dient zum Greifen. Voraussetzung ist eine Linkshändergitarre.

Die **Schlaghand** (*rechte Hand*) schlägt oder zupft die Saiten an. Die Finger der **Greifhand** (*linke Hand*) drücken die Saiten auf die Bünde und *verkürzen* somit die Saitenlänge. Eine verkürzte Saite schwingt schneller und erzeugt einen höheren Ton.

Du kannst die E-Gitarre **im Stehen** oder **im Sitzen** spielen:

Im Stehen: Stelle den Gurt auf eine zu dir passende Länge ein und hänge die Gitarre um. Lege den rechten Unterarm auf den Gitarrenkorpus auf, wie im Foto zu sehen. Unterarm und Schlaghand bilden in etwa eine gerade Linie. Mit der Greifhand solltest du alle Positionen auf dem Gitarrenhals bequem erreichen können.

Im Sitzen: Lege die E-Gitarre auf deinen rechten Oberschenkel auf und ziehe den Korpus ganz zu dir heran.

Das Plektrum und der Abschlag

Wenn eine gespannte Saite *schwingt*, entsteht ein Ton. Erstaunlich ist, wie viele unterschiedliche Sounds und Klangabstufungen man durch die Art und Weise erzielen kann, wie man die Saite zum Schwingen bringt. Man kann eine Saite *zupfen, schlagen, anreißen, streichen* – und das in mannigfachen Variationen. Diese Soundvielfalt ist eine besondere Stärke der Gitarre.

Auf der E-Gitarre wird meist ein *Plektrum* (*pick*) verwendet, um die Saiten anzuschlagen. Plektren gibt es in verschiedenen Ausführungen. Sie unterscheiden sich in Material, Form, Größe, Dicke und Farbe. Für den Anfang empfehle ich dir ein mittleres Kunststoffplektrum (z.B. *Dunlop Nylon Standard 0.73 mm*). Besorge dir mehr als eins, denn Plektren gehen leicht verloren. Probiere auch andere Stärken und Typen aus. So findest du schnell das Plektrum, das dir am besten liegt.

Das Halten des Plektrums

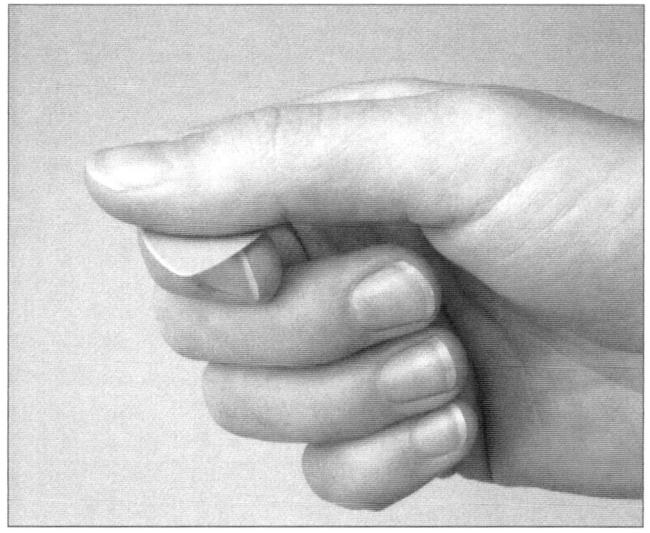
Plektrum zwischen Zeigefinger und Daumen

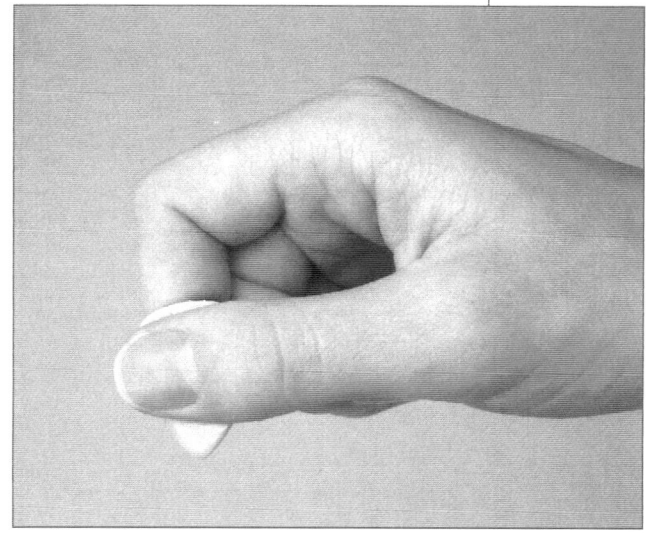
Die Spitze steht etwa 3 - 6 mm über

Halte das *Plektrum* zwischen *Zeigefinger und Daumen*, sodass die Spitze etwa drei bis sechs Millimeter übersteht. Die übrigen Finger liegen locker nebeneinander.

Die zwei Ausgangsstellungen der Schlaghand
Für die Schlaghand gibt es *zwei* Ausgangsstellungen:

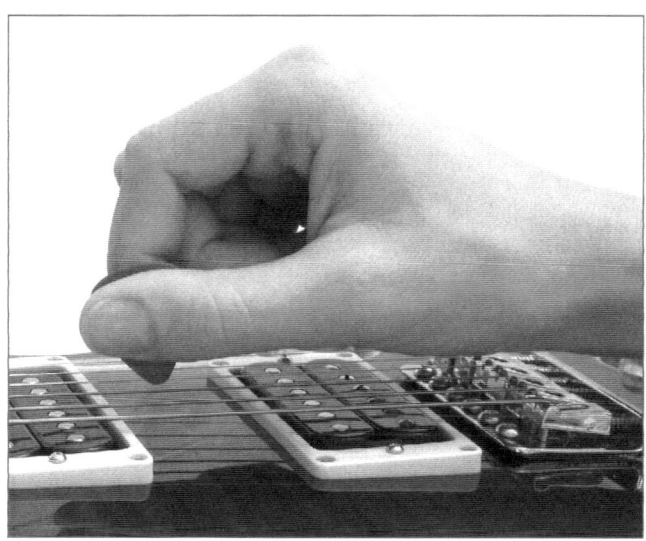

Stellung A:
Die Schlaghand befindet sich frei über den Saiten (gestützt durch den aufliegenden Unterarm).

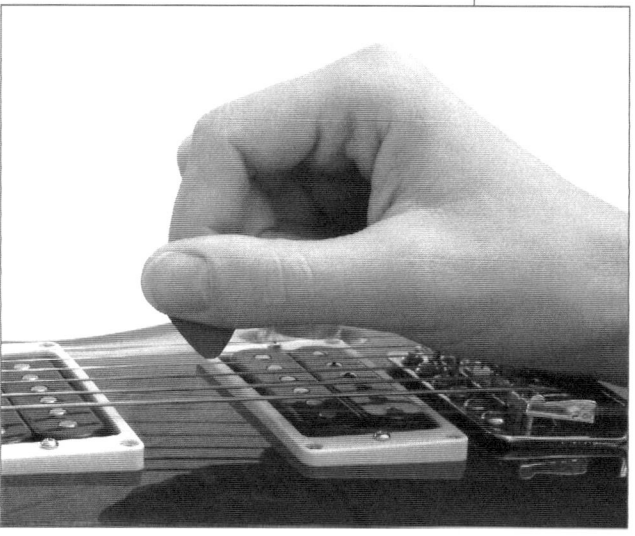

Stellung B:
Die Schlaghand stützt sich zusätzlich auf dem Steg ab.

Der Abschlag

Beim *Abschlag* (*Downstroke*) wird die Saite von oben her Richtung Fußboden angeschlagen.

Übung – Abschlag

Schlage mit der *Spitze* des Plektrums an wie auf dem Foto zu sehen. Bewege nur das *Handgelenk*. Genau betrachtet ist es eine kleine *seitliche Drehbewegung* der Hand.

a) Schlage die *tiefe e-Saite* mit *acht Abschlägen* an.

b) Schlage auch *jede andere Saite* mit jeweils *acht Abschlägen* an.

Mache die Übungen nacheinander mit beiden Stellungen der Schlaghand:
frei und abgestützt (siehe oben).

> Dieses CD-Symbol zeigt an, welche Übung bzw. welches Stück auf welcher CD zu hören ist. Die Zahl gibt die Anwählnummer auf der angegebenen CD an.

Übung - Stärke des Abschlags

CD 1 – 1

a) Beginne wieder mit der *tiefen e-Saite*. Mache ...

- 4 Abschläge so *laut* wie möglich (*sehr starker Anschlag; dabei kann die Saite leicht klirren*)
- 4 Abschläge so *leise* wie möglich (*sehr schwacher Anschlag*)
- 4 Abschläge *mittellaut* (*mittelstarker Anschlag*)

b) Schlage die *anderen Saiten* in gleicher Weise an.

c) Achte auf die unterschiedliche Kraft, die bei den *dicken* und den *dünnen Saiten* nötig ist.

Mache die Übung mit beiden Stellungen der Schlaghand: **frei und abgestützt** (siehe oben).

Übung – Anschlagwinkel

CD 1 – 2

Der Klang des Tones kann gleich zu Beginn seiner Entstehung beeinflusst werden, und zwar durch den *Winkel*, in dem das Plektrum auf die Saite trifft. Sind Plektrum und Saite parallel zueinander, klingt der Ton weich und klar. *Je größer* der Winkel zwischen Plektrum und Saite gewählt wird, desto mehr kommt die *Kante* des Plektrums ins Spiel und der Ton wird *schärfer und funkiger*. Mache die Übung nacheinander auf allen Saiten. Beginne mit der tiefen e-Saite.

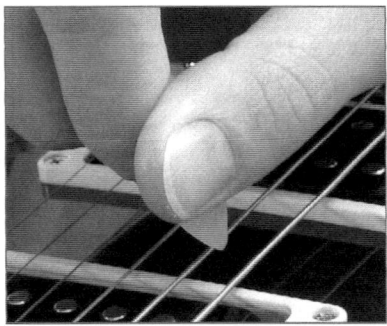

Mache 4 Abschläge, wobei das Plektrum etwa parallel zur Saite anschlägt (Ton klingt weich, klar).

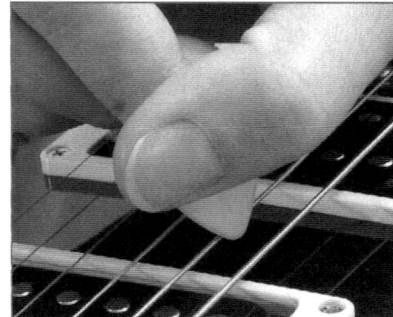

Mache 4 Abschläge, wobei das Plektrum in einem Winkel auf die Saite trifft (Ton klingt schärfer).

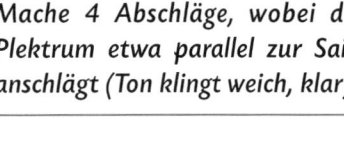

Garantiert E-Gitarre lernen

Die Tabulatur

Die Tabulatur ist eine speziell für Saiteninstrumente bestimmte *Schreibweise*, die es bereits lange vor der Notenschrift gab. Die *sechs Linien* stellen die *sechs Saiten* dar. Die *Zahlen* geben an, an welchem Bund der Ton *gegriffen* werden soll.

Tabulatur für Gitarre

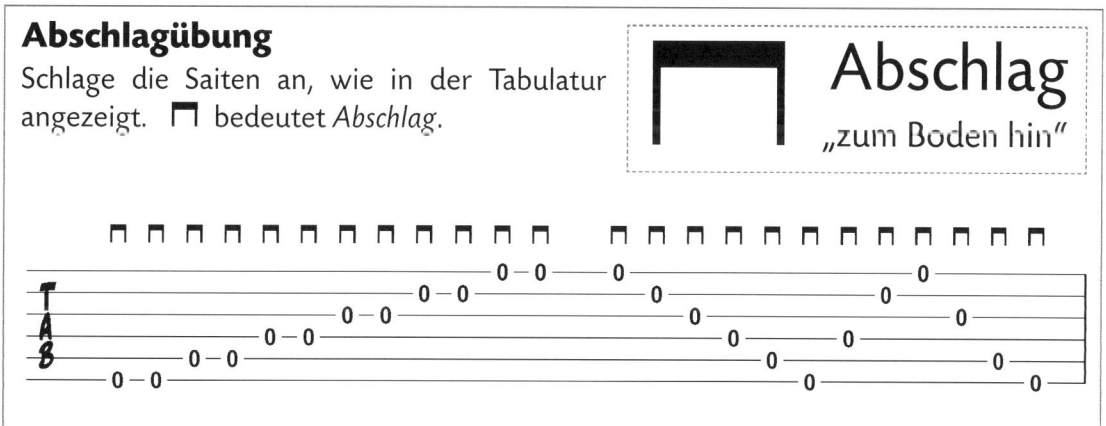

- 0 = die *ungegriffene Saite* - auch als *Leersaite* oder *offene Saite* bezeichnet.
- Der zeitliche Ablauf folgt der Lese-/Schreibrichtung von *links nach rechts*.
- Zwei Töne, die *gleichzeitig* erklingen sollen, sind *untereinander* eingetragen.

Abschlagübung

Schlage die Saiten an, wie in der Tabulatur angezeigt. ⊓ bedeutet *Abschlag*.

⊓ Abschlag „zum Boden hin"

Die Viertelnote

Die Viertelnote erkennst du in der *Tabulatur* daran: Die Zahl (der Notenkopf) besitzt einen *Hals*.

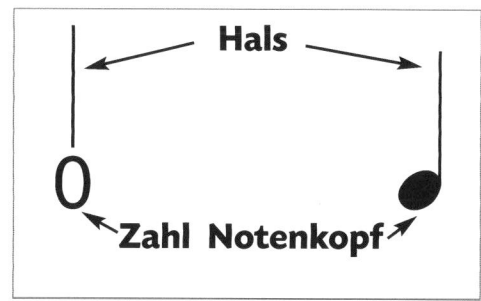

Takt, Zählzeiten, Beat

Durch die Einteilung in *Takte* wird Musik zählbar. Ein *Takt* umfasst dabei eine bestimmte Anzahl von *Zählzeiten*, was sich in der *Taktart* niederschlägt.

Geläufige Taktarten sind: $^4/_4$ (vier Viertel), $^3/_4$ (drei Viertel), $^6/_8$ (sechs Achtel), $^2/_2$ (zwei Halbe). In einem $^4/_4$ Takt zählt man folglich vier Viertel (1, 2, 3, 4), in einem $^3/_4$ Takt drei Viertel (1, 2, 3), in einem $^6/_8$ Takt sechs Achtel (1, 2, 3, 4, 5, 6) usw. Diese *Hauptzählzeiten* markieren zugleich den durchgängigen Puls der Musik, den *Beat* (*engl.* = *Schlag*). Töne, die auf dem Beat liegen, bezeichnet man als „*on beat*", alle anderen rhythmischen Positionen als „*off beat*". Um „im Takt" zu bleiben, kannst du es wie die meisten Musiker machen: *Tippe mit dem Fuß den Beat mit*.

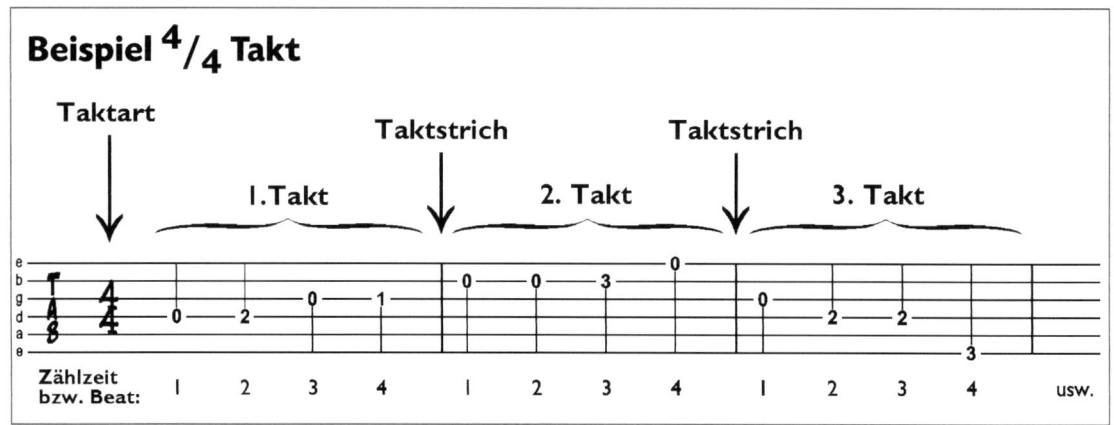

Viertelübung

a) Schlage gleichmäßig an und spiele ohne Unterbrechung durch. Beginne *langsam* !

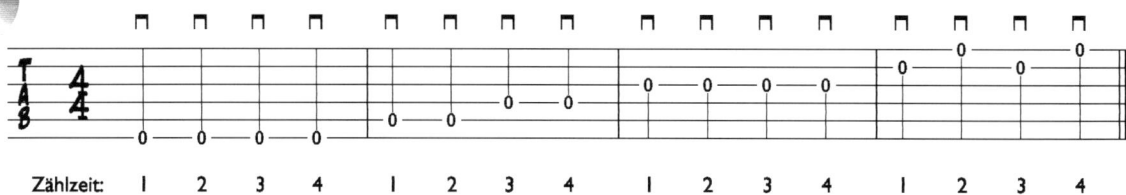

b) Spiele die Übung und *sprich die Zählzeiten laut mit*: **1, 2, 3, 4, 1, 2, 3, 4 usw.**
c) Spiele die Übung und *tippe mit dem Fuß den Beat mit*: **1, 2, 3, 4, 1, 2, 3, 4 usw.**

Das erste Stück

Und schon kannst du dein erstes kleines Stück spielen! Lerne es auswendig und spiele dann zur CD mit. Beginne langsam.

Ein gleichmäßiges Tempo ist wichtig. Versuche also, *nicht schneller oder langsamer zu werden*.

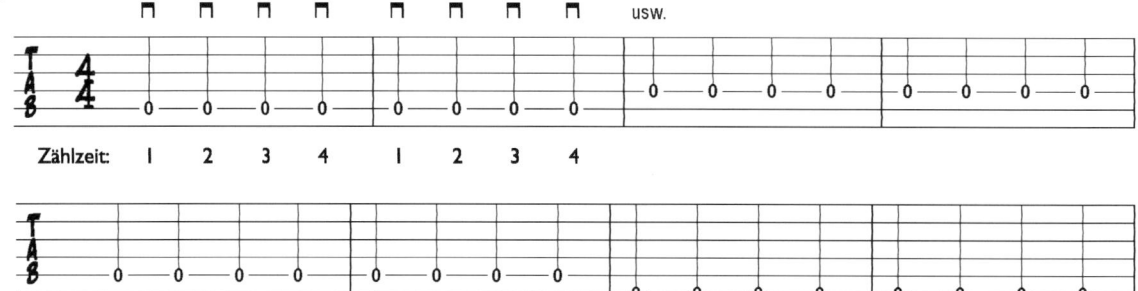

Garantiert E-Gitarre lernen

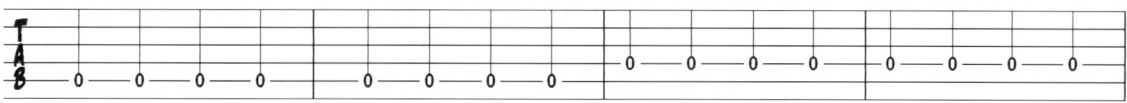

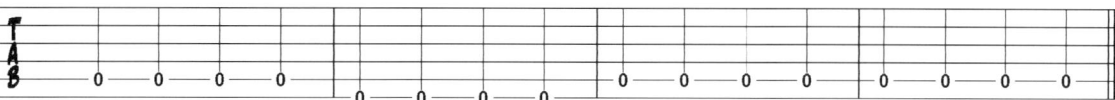

Variation

Setze das obige Stück komplett *eine Saite höher* und spiele es.

Das heißt: Das Stück beginnt jetzt mit der **d-Saite**.

Dann kommt die **g-Saite**.

Statt der **e-Saite** spielst du die **a-Saite**.

Die *Striche* in der folgenden Übersicht stellen die *Taktstriche* dar. Mache wie gehabt pro Takt *vier Abschläge*.

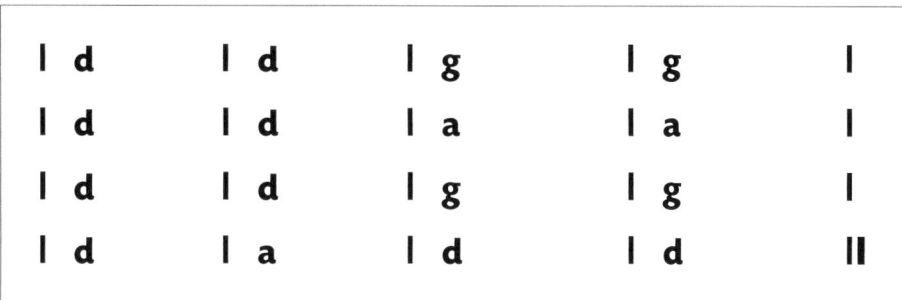

Das Greifen von Tönen

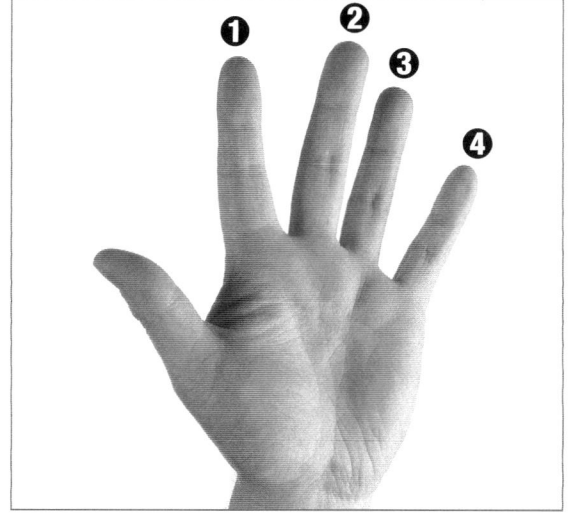

Die Finger der Greifhand

❶ = Zeigefinger

❷ = Mittelfinger

❸ = Ringfinger

❹ = kleiner Finger

Eine verkürzte Saite klingt höher. Bei der Gitarre sind die Möglichkeiten, um eine Saite zu verkürzen, von vorne herein festgelegt: *Bundstäbchen* aus Metall unterteilen das Griffbrett in *Bünde*. Von einem Bund zum nächsten unterscheidet sich die Tonhöhe um einen *Halbtonschritt*. Der Halbtonschritt ist in unserer abendländischen Musikkultur der kleinste Tonhöhen-Unterschied.

Linkshänder schlagen mit der linken Hand (Schlaghand). Die rechte Hand dient zum Greifen.

Greifen mit Zeige- und Ringfinger

Der Ton g auf der hohen e-Saite

Greife mit dem *Zeigefinger* ❶ die *hohe e-Saite* am *dritten Bund*. Der *Daumen* bildet auf der Halsrückseite den Gegendruck.

Tipp:

▸ *Greife möglichst nah am Bundstäbchen, um einem Klirren und Scheppern der Saite vorzubeugen.*

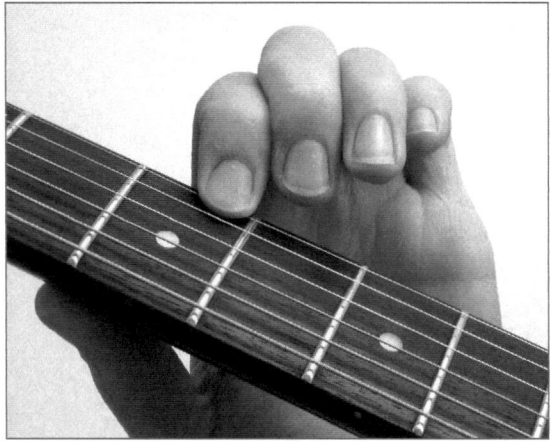

Zeigefinger ❶ im 3. Bund (nah am Bundstäbchen)

Der Ton a auf der hohen e-Saite

Greife mit dem *Ringfinger* ❸ die *hohe e-Saite* am *fünften Bund*. Der *Zeigefinger* ❶ bleibt an seiner Position.

Tipp:

▸ *Greife so, dass du die Stellung der Greifhand beim Wechsel zwischen den Tönen g und a nicht zu verändern brauchst.*

Ringfinger ❸ im 5. Bund (Zeigefinger bleibt liegen)

Wiederholungszeichen

‖: :‖ Was zwischen zwei Wiederholungszeichen steht, wird wiederholt (insgesamt also *zwei Mal* gespielt).

Fingerübung

Die kleinen Ziffern unterhalb der Tabulatur geben an, mit welchem Finger gegriffen werden soll: *1 = Zeigefinger*
   3 = Ringfinger.

Schlage mit dem Plektrum an wie notiert. Beachte die *Wiederholungszeichen*.

Die kleinen Ziffern unterhalb der Tabulatur geben an, welcher Finger greift.

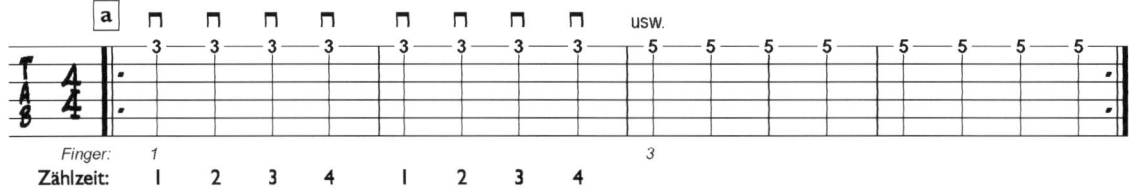

Garantiert E-Gitarre lernen

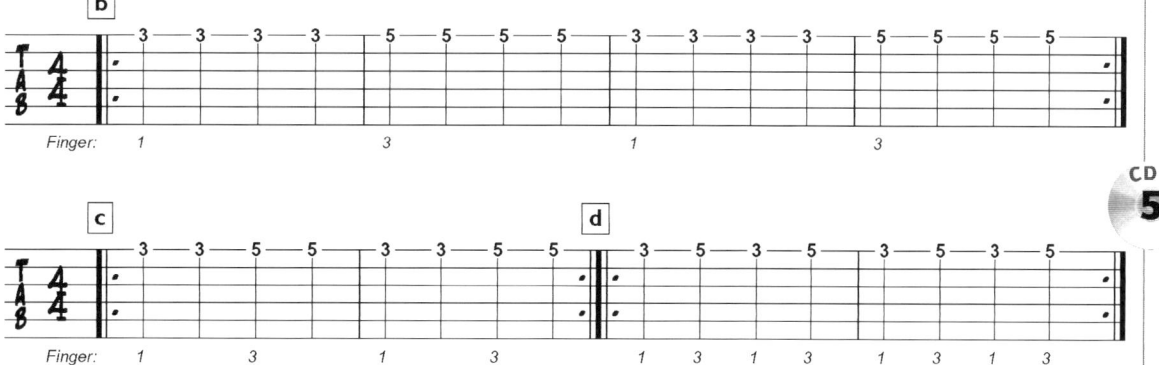

Lass den *Zeigefinger* in seiner Position, während der *Ringfinger* greift!

Mache diese Fingerübung genauso auf den übrigen Saiten:
b-Saite, *g-Saite*, *d-Saite*, *a-Saite* und **tiefe e-Saite**.

Abdämpfen einer gegriffenen Saite

Musik machen bedeutet nicht nur Töne zu erzeugen, sondern ebenso auch nichts zu spielen und Lücken zu lassen. Diese Gegenstücke zu den Tönen nennt man *Pausen*. Eine klingende Saite bringt man durch **Abdämpfen** wieder zum Schweigen.

Ist die Saite *gegriffen*, funktioniert das folgendermaßen:

Lasse den Druck des greifenden Fingers nach, sodass die Saite verstummt – und zwar genau zu der Zählzeit, an der die Pause beginnt. Der Finger bleibt dabei locker auf der Saite liegen, wird also nicht abgehoben.

Die Viertelpause

Eine *Viertelpause* hat die gleiche Zeitdauer wie eine *Viertelnote*.

Abdämpfübung

Dämpfe die Saiten für die Pausen ab, wie oben beschrieben.

Zähle auch die Pausen gleichmäßig durch.

Greifen mit Zeige-, Mittel- und Ringfinger

Übung 1

Jetzt nehmen wir noch den *Mittelfinger* ❷ zum Greifen hinzu.

a) Lasse jeden Finger solange in seiner Position, bis er wieder an der Reihe ist. Beginne *l a n g s a m* !

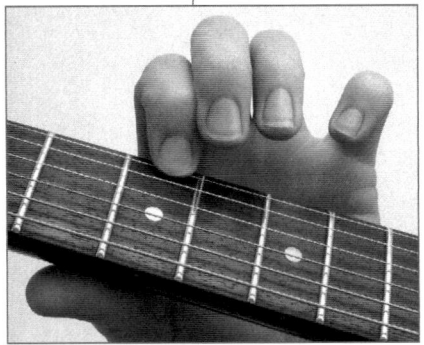
Zeigefinger ❶ *im 7. Bund*
(nah am Bundstäbchen)

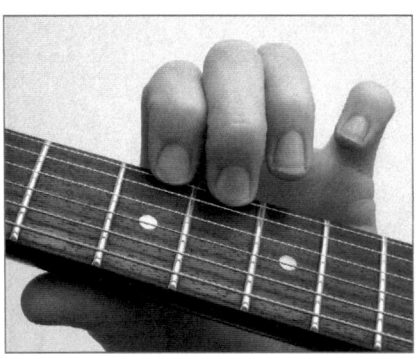
Mittelfinger ❷ *im 8. Bund*
(Zeigefinger bleibt liegen!)

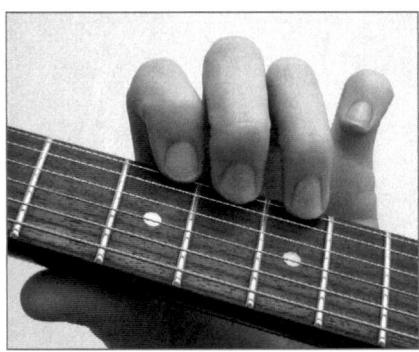
Ringfinger ❸ *im 9. Bund*
(Zeige-/Mittelfinger bleiben liegen!)

Die kleinen Ziffern unterhalb der Tabulatur geben an, welcher Finger greift.

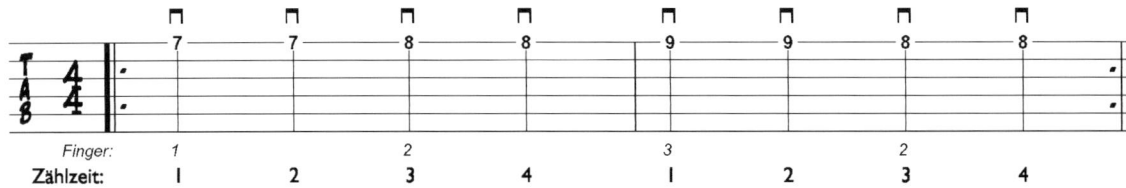

b) Spiele die Übung genauso auf den *anderen Saiten*.

Übung 2

Hier wird das Griffmuster aus *Übung 1* nacheinander auf *alle sechs Saiten* übertragen. Versuche, ganz *gleichmäßig* zu spielen. Besonderes Ziel ist wiederum, jeden Finger in seiner Position zu lassen und ihn nicht zu bewegen, bis er wieder an der Reihe ist. Diese Übung eignet sich auch gut zum *Warmspielen*. Beginne *s e h r l a n g s a m* !

Übung 2a)

Ein gleichmäßiges Tempo ist wichtig. Versuche also, *nicht schneller oder langsamer* zu werden.

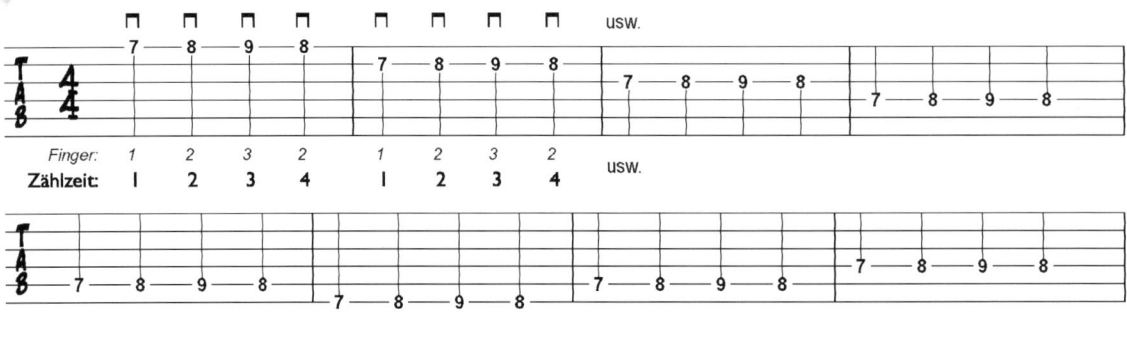

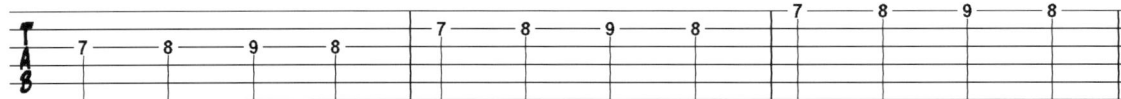

Übung 2b)
Verschiebe die Übung jeweils zur angegebenen Position und spiele von dort aus:
- *fünfter Bund (5 - 6 - 7 - 6)*
- *zweiter Bund (2 - 3 - 4 - 3)*
- *zehnter Bund (10 - 11 - 12 - 11)*

Leersaiten und gegriffene Töne
Übung 1
Spiele jede der *Übungen a, b und c* mehrfach *im Kreis*. Übertrage sie auch auf die anderen Saiten. **Ziel:** Verringere jede *überflüssige* Bewegung der Greifhand. Hebe die Finger nur ein paar Millimeter an, damit die Leersaite gespielt werden kann.

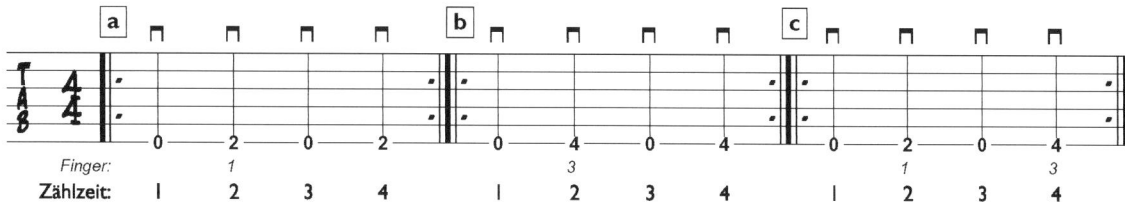

Übung 2
Wie *Übung 1c*, jetzt aber fortlaufend über alle Saiten. Achte genau darauf, im Rhythmus zu bleiben und jeden Ton gleichlang auszuhalten – besonders beim Übergang von einer Saite zur nächsten. Beginne *s e h r   l a n g s a m* !

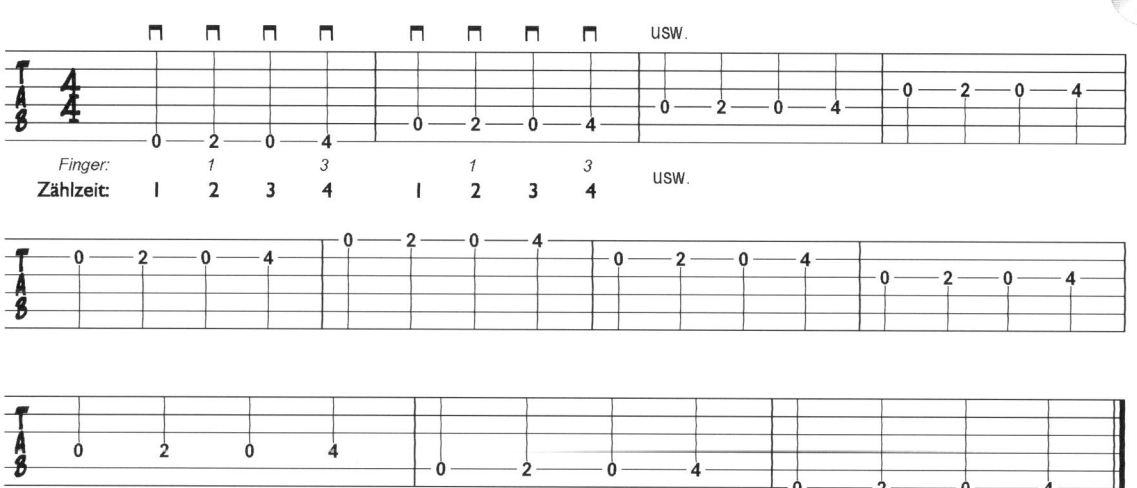

Lick

Ein Lick ist ein interessanter Melodiehappen.

Licks mit Viertelnoten

Nach den verschiedenen Übungen zum Anschlagen, Greifen und Abdämpfen werden dir die folgenden Licks gut von der Hand gehen. Übe zunächst jeden Lick (a, b, c) für sich allein. Wenn du sie beherrschst, spiele - wie auf der CD - alle drei hintereinander an einem Stück durch. Beginne langsam!

CD 1
9

Die Achtelnote

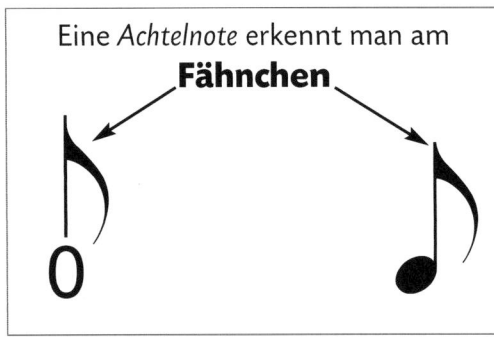

Das Zählen von Achtelnoten

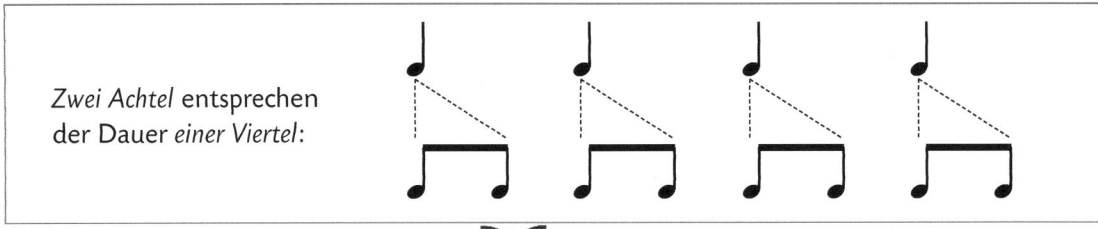

Garantiert E-Gitarre lernen 26

Auch die Stelle, an der eine Achtelnote steht, lässt sich genau bezeichnen.

Beispiele:

Das Achtel zwischen dem Beat 2 und dem Beat 3 steht auf der **"2+"** (*"zwei und"*);
das Achtel zwischen der 4 und der 1 des nächsten Taktes steht auf der **"4+"** (*"vier und"*).

Achtelübung 1

Schlage *gleichmäßig* an und zähle *laut* mit (*"eins und zwei und drei und vier und ..."*).

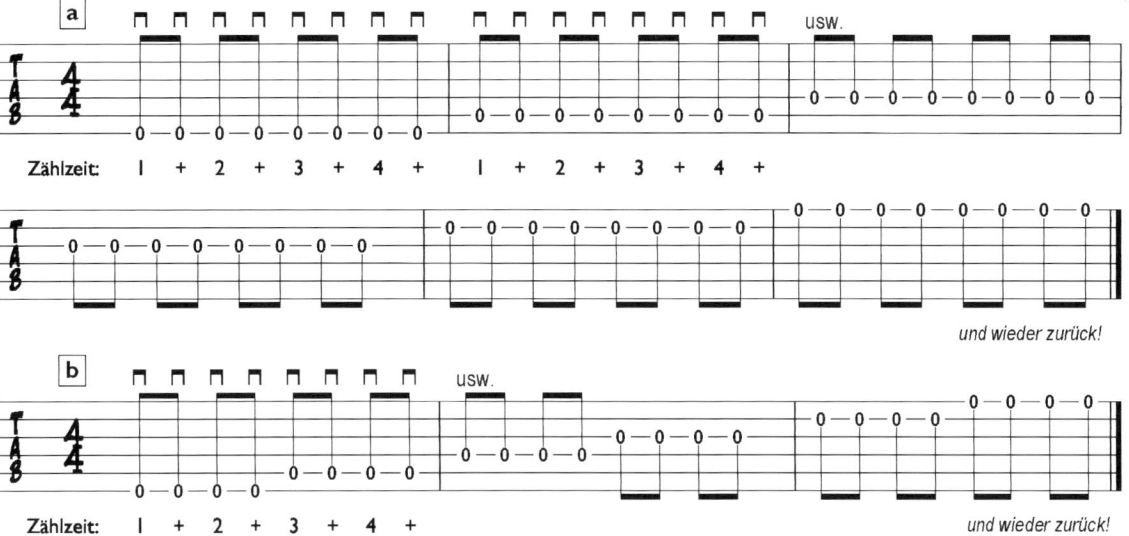

Zähle die Zählzeiten *laut* und *gleichmäßig*:

„+" wird gesprochen: *„und"*

Achtelübung 2

Achte darauf, dass die Leersaiten *und* die gegriffenen Töne *gleich lang* und *gleich laut* klingen. Spiele die Übung auch auf den *anderen Saiten*.

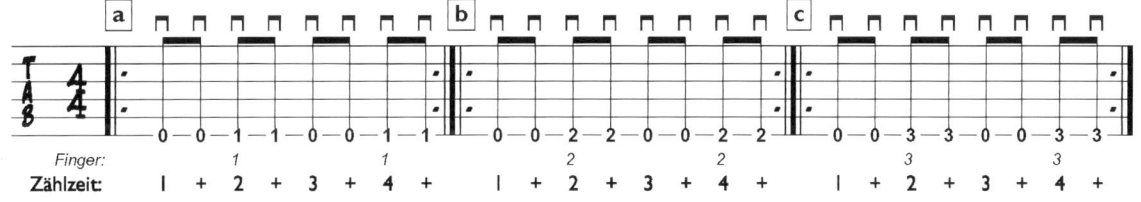

Spiele so *gleichmäßig* wie möglich. Beginne *langsam!*

Achtelübung 3

Hier werden die Teile der vorangegangenen Übung verbunden. Übertrage dies auch auf die *übrigen Saiten*.

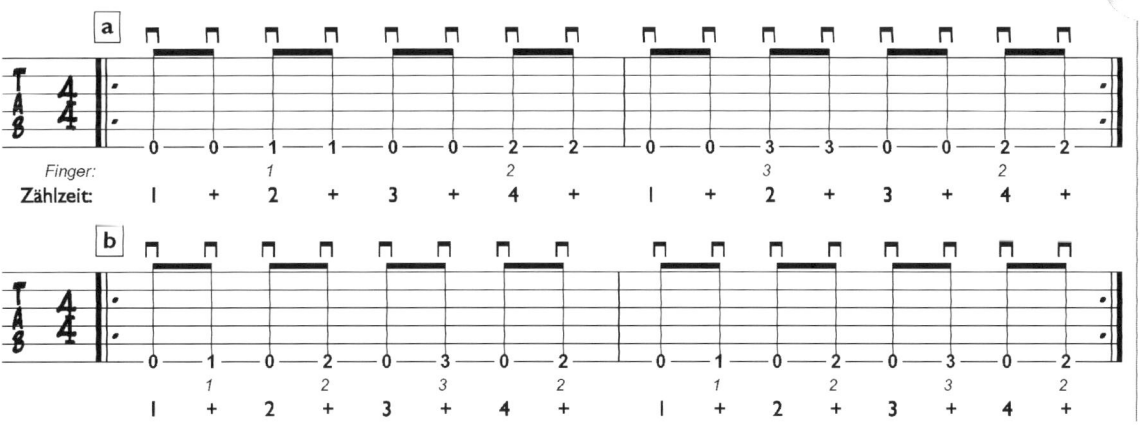

Achtelübung 4

Viertel *und* Achtel gemischt. Zähle laut mit (*„eins und zwei und drei und vier und ..."*). Spiele die Übung auch auf den anderen Saiten.

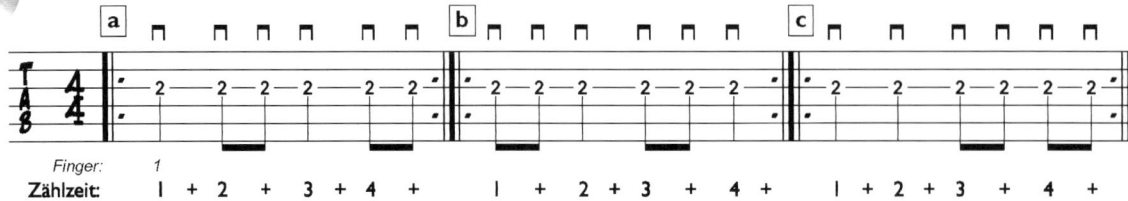

Achtelübung 5

Umsetzung der Pausen: Lasse den Druck des greifenden Fingers plötzlich nach, sodass der Ton zum richtigen Zeitpunkt verstummt (▶ S. 23).

Licks mit Achtelnoten

Beginne beim Einüben der Licks *langsam* und zähle *laut* mit! Es stört hier nicht, wenn die beteiligten Leersaiten während des Licks länger als notiert klingen.

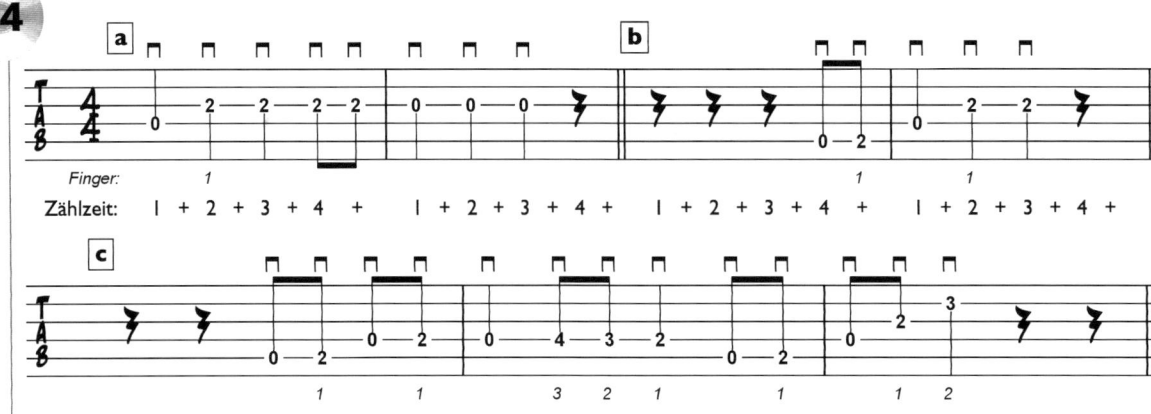

Abdämpfen von Leersaiten mit der Greifhand

Du hast bereits gelernt, einen gegriffenen Ton zu beenden und eine Pause zu beginnen, indem du die Saite abdämpfst. Dazu lässt du den Greifdruck plötzlich nach und die Saitenschwingung stoppt (▶ S. 23).

Durch Abdämpfen kann man auch die *Leersaiten* unter Kontrolle halten. Um eine klingende Leersaite zum Schweigen zu bringen, legst du einen (oder mehrere) Finger der Greifhand leicht auf die Saite. Es muss zielstrebig und schnell vor sich gehen. Nicht zu fest, aber auch nicht zu zaghaft, sonst verabschiedet sich der Ton mit einem leichten Klirren/ Schnarren in die Pause. Welchen Finger, wie viele und welchen Teil (nur Fingerspitze oder ganzes Fingerglied) du verwendest, ist eigentlich egal. Günstigerweise nimmt man den *Zeige-* und/oder den *Mittelfinger*, so wie sie sich - auf Grund der Töne, die vor und nach der Pause gespielt werden - gerade in der Nähe befinden.

Abdämpfübung Leersaiten

1) *Dämpfe* mit dem *Zeigefinger* der Greifhand die Leersaite ab, sodass sie genau zur betreffenden Zählzeit verstummt. Lege den Finger dazu am *ersten Bund* auf die Saite. Zähle laut mit („*eins und zwei und drei und vier und ...*").

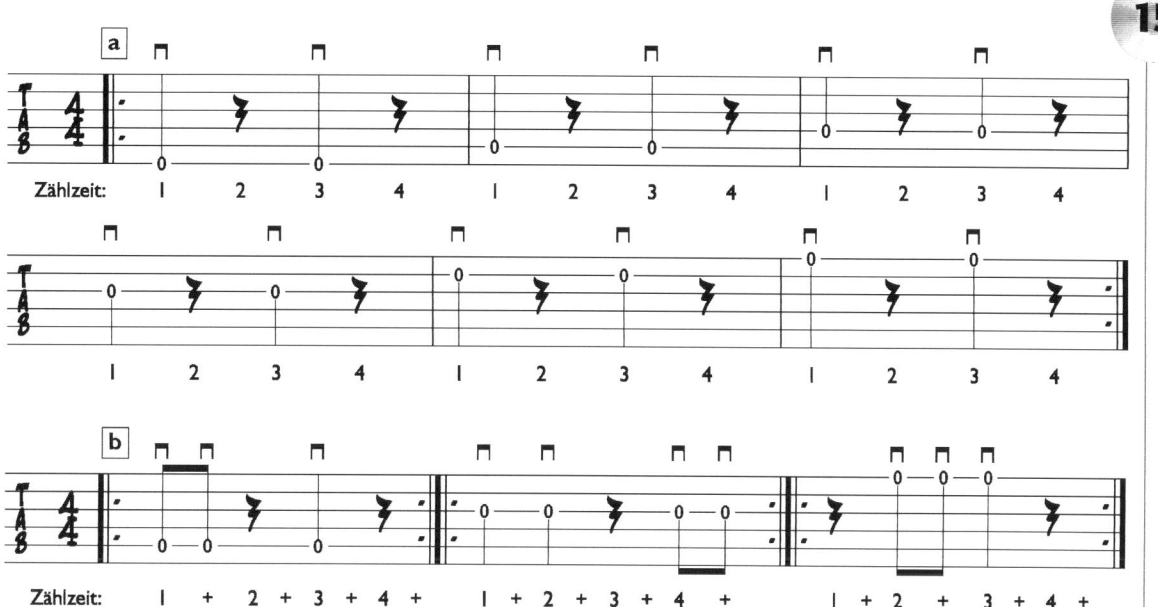

Die Achtelpause

In Übung c) treten erstmalig Achtelpausen auf.

Eine *Achtelpause* hat die gleiche Zeitdauer wie eine *Achtelnote*. Dämpfe also bei *Übung c* die Leersaiten entsprechend ab!

2) Mache die *Übungen a - c* jetzt mit dem *Mittelfinger* der Greifhand und dämpfe die Saiten etwa am *fünften Bund* ab. Zähle *laut* mit.

Lick

Beginne *langsam* und zähle laut mit („*eins und zwei und drei und vier und ...*"). Übe zunächst jeden Takt einzeln ein, bevor du die ganze Zeile am Stück durchspielst. *Umsetzung der Pausen* wie oben: *Dämpfe* die Leersaiten zur betreffenden Zählzeit mit *Zeige-/Mittelfinger* der Greifhand ab.

Tipp:

▸ Halte den Zeigefinger durchgängig in der Nähe der Saiten, da du ihn kurz hintereinander sowohl zum Greifen als auch zum Abdämpfen brauchst.

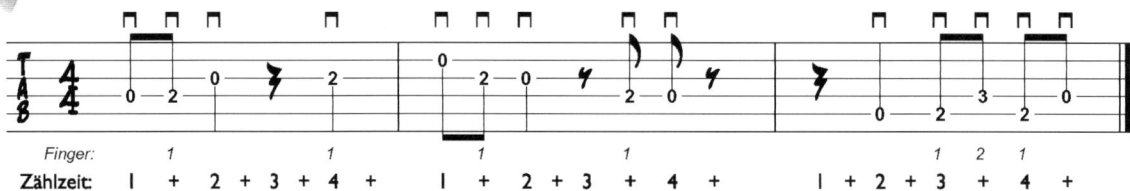

Abschlag über zwei Saiten

Wir erweitern den Abschlag auf *zwei Saiten*. Mit der Spitze des Plektrums schlägst du die zwei betreffenden Saiten an, sodass die Töne *gleichzeitig* zusammen erklingen. Das erfolgt aus der gleichen schnellen, aber kleinen seitlichen Drehbewegung der Schlaghand heraus wie bei einer Saite (▸ S. 18).

Übung 1

Die Töne sollen *gleichzeitig* und *gleichlaut* erklingen.

Achte darauf, dass du die angegebenen zwei Saiten in einer Bewegung anschlägst.

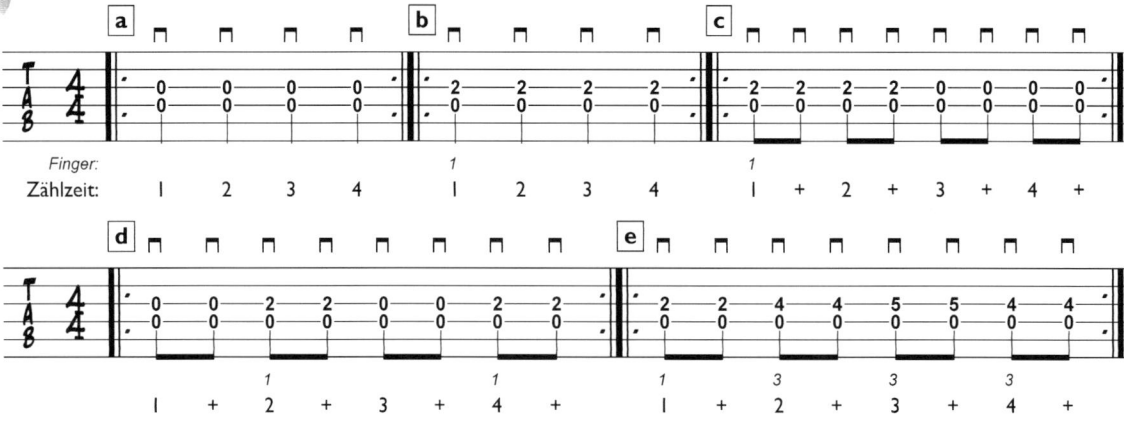

Übung 2

Schlage zwar *zackig schnell*, aber nur *leicht bis mittelstark* an (▸ *Stärke des Abschlags auf S. 18*).

Spielwiese: Pop-Rock

Es ist soweit. Die Band wartet auf dich. Von einem Musikredakteur würde das folgende Stück vermutlich kompliziert umschrieben werden als *„Post-Punk-Pop mit Anleihen aus schottisch-englischer Musik und amerikanischem Country-Folk-Rock"*. Wir ordnen das einfach unter **Pop-Rock** ein und lassen es wirken. Wenn du die vorangegangenen Übungen sorgfältig gemacht hast, werden dich die Gitarrenparts vor keine Probleme stellen.

Ablauf

In diesem Stück sind *zwei* Gitarren beteiligt - *Gitarre 1* und *Gitarre 2*. Insgesamt besteht der Song aus vier Durchgängen. In der Tabelle siehst du für jeden Durchgang, was die Gitarren im einzelnen spielen.

	GITARRE 1 spielt ...	**GITARRE 2 spielt ...**
Durchgang 1	a	
Durchgang 2	a	Melodie
Durchgang 3	b	Melodie
Durchgang 4	b	

Zur CD

Auf der CD findest du das Stück in mehreren Versionen: ohne Gitarre 1, Gitarre 2 alleine, ohne Gitarre 2 und ein Vollpayback. Hier die Übersicht:

CD 1		
19	**Vollplayback** - komplette Besetzung	So soll der Song klingen!
20	**Halbplayback 1** - Das Stück ohne Gitarre 1	Du spielst den Part von Gitarre 1
21	**Gitarre 2** - alleine und langsamer (1 Durchgang)	Du hörst genau, was Gitarre 2 spielt, und kannst den Part einüben.
22	**Halbplayback 2** - Das Stück ohne Gitarre 2	Du spielst den Part von Gitarre 2

Gitarre 1 (Rhythmusgitarre)

Beginne mit *Gitarre 1*. Sie spielt die *Begleitung* auf zwei Saiten. In *Variante a* überwiegen die Viertelnoten. *Variante b* besteht durchgängig aus *Achteln*. Übe *langsam* und lerne die Begleitung auswendig zu spielen. *Track Nr. 20* ist ohne *Gitarre 1* aufgenommen, sodass du also selbst den Part von *Gitarre 1* mit der übrigen Band spielen kannst.

Sound Gitarre 1

clean (unverzerrt) **bis crunchy** (leicht verzerrt), mit **wenig Hall** (klingt direkter)!
Mehr zu Sounds ▶ S. 65ff

Gitarre 2 (Leadgitarre)

Gitarre 2 übernimmt die Melodie, ist also die *Leadgitarre* (to lead = anführen). Übe auch ihren Part *langsam* ein und lerne ihn auswendig zu spielen. Dabei hilft dir *Track Nr. 21*. Hier hörst du die *Gitarre 2* ohne Begleitung und in verringertem Tempo. In *Track Nr. 22* kannst du selbst den Part von *Gitarre 2* übernehmen. **Beachte**: *Gitarre 2* spielt erst ab dem *zweiten Durchgang* (vgl. Ablauf).

Kleine Besonderheit: *Gitarre 2* setzt bereits im letzten Takt des ersten Durchgangs ein - und zwar mit den letzten beiden Achteln der Melodie. Das bezeichnet man auch als *Auftakt*, (siehe * in der Tabulatur und höre CD Track Nr. 19 und 20). Diese beiden Auftakt-Achtel fallen ganz am Schluss wieder weg.

Sound Gitarre 2

Gitarre 2 verträgt **etwas mehr Verzerrung**, **etwas mehr Hall** oder falls vorhanden ein **Echo/Delay**.
Mehr zu Sounds ▶ S. 65ff

Garantiert E-Gitarre lernen

3 Spieltechniken II

Das lernst du:

Grundbegriffe
Haltebogen
Halbe Note, Halbe Pause
Lick
Break
Barré

Techniken
Aufschlag
Wechselschlag
Slides
Double-Stops

Style
Rock'n'Roll

3 Spieltechniken II

Aufschlag und Wechselschlag
Der Aufschlag

Beim *Aufschlag* (*upstroke*) wird die Saite von unten her angeschlagen.

Aufschlag - von unten nach oben

Aufschlagübung
Schlage *gleichmäßig* mit Aufschlägen an.

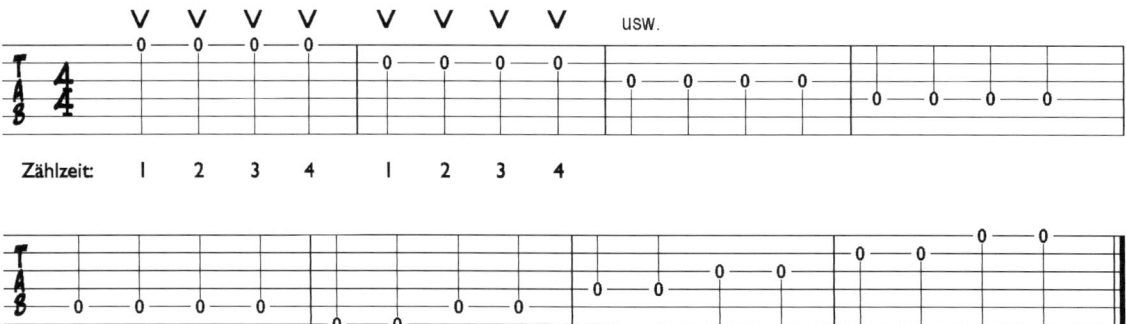

Der Wechselschlag

Kombiniert man Abschlag *und* Aufschlag miteinander, kann man mit einer *Ab-Auf-Bewegung* der Schlaghand *zwei Töne* erzeugen. Das bedeutet, du kannst mit der gleichen Anzahl von Handbewegungen doppelt so viele Töne anschlagen.

Wechselschlagübung 1
Ziel: Die *Schlaghand* bewegt sich ohne besondere Anstrengung rhythmisch präzise *ab und auf*. Beginne *sehr langsam*. Zähle zu Beginn laut mit: *„1 und 2 und 3 und 4 und"*.

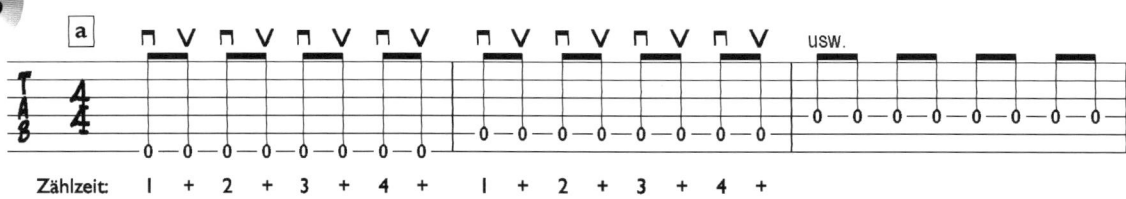

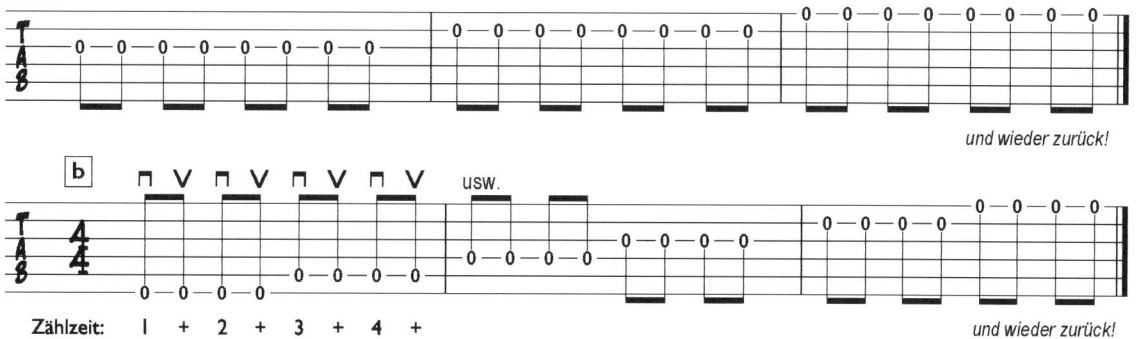

und wieder zurück!

und wieder zurück!

Tipp:

▸ *Wenn sich das Plektrum beim Aufschlag zu „verhaken" scheint, probiere unterschiedliche Winkel und Haltungen aus, sodass die Bewegung flüssig läuft.*

Wechselschlagübung 2

Schlage genauso *gleichmäßig* bei gegriffenen Tönen an. Beginne *langsam!*

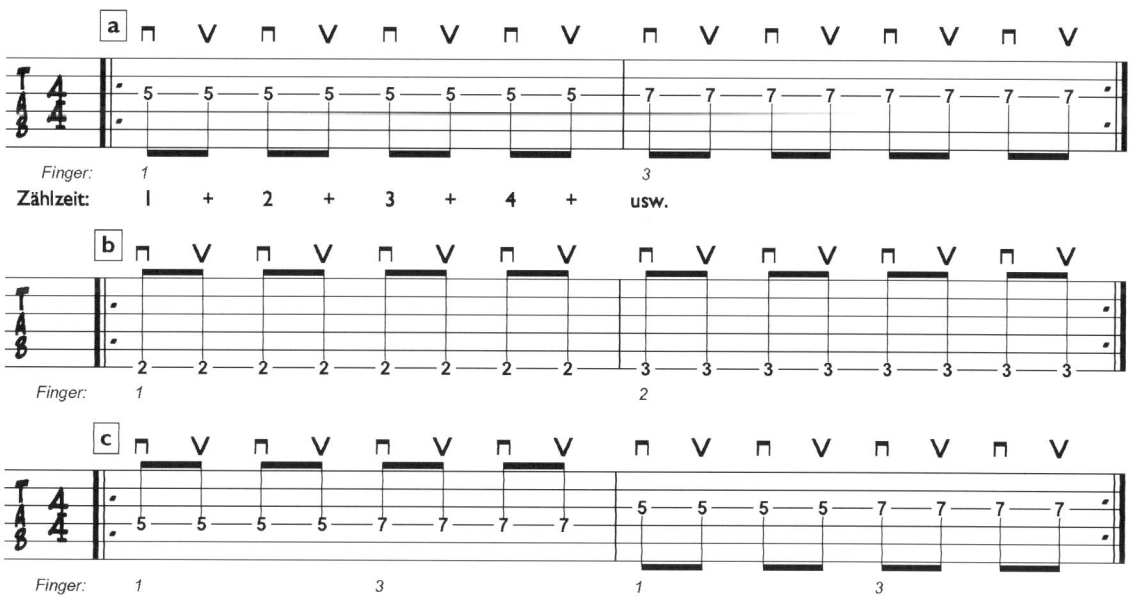

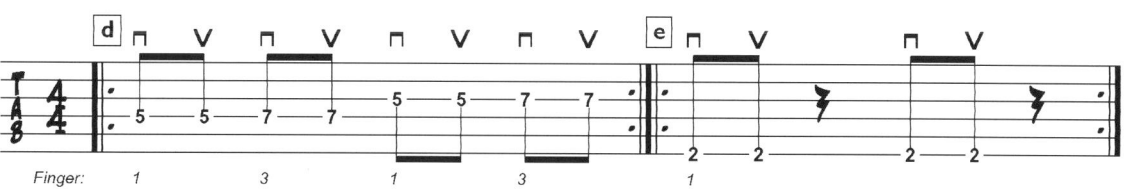

Pausen in *Übung e*: Lasse den Druck des greifenden Fingers plötzlich nach, sodass der Ton verstummt (▸ S. 23).

CD 1 — 24

Übung 3

Die Schlaghand bewegt sich beim Wechselschlag *durchgängig* ab und auf. Ist mal kein Ton anzuschlagen, läuft sie einfach *„leer"* durch: Du hebst das Plektrum gerade so weit an, dass die Saiten nicht berührt werden.

Spiele zunächst jede *Teilübung* mehrfach *im Kreis*, bis du sie beherrschst. Spiele dann die *ganze Zeile* am Stück. Beginne *langsam* und zähle *laut* mit.

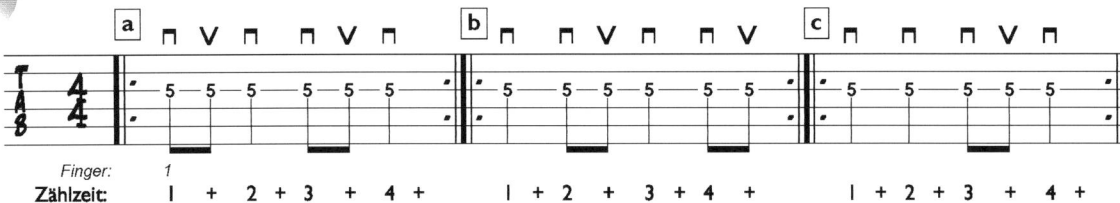

Achtelübung

Spiele auch die folgende Übung zunächst in *Teilübungen* mehrfach *im Kreis*, bis du sie beherrschst. Spiele dann die ganze Übung am Stück.

Umsetzung der Pausen: Lasse den Druck des greifenden Fingers nach, sodass der Ton zum richtigen Zeitpunkt verstummt (▶ S. 23). Beginne *sehr langsam* und zähle *laut* mit.

Führe den Wechselschlag durchgängig aus. Hebe das Plektrum bei den Pausen so weit an, dass die Saiten nicht berührt werden.

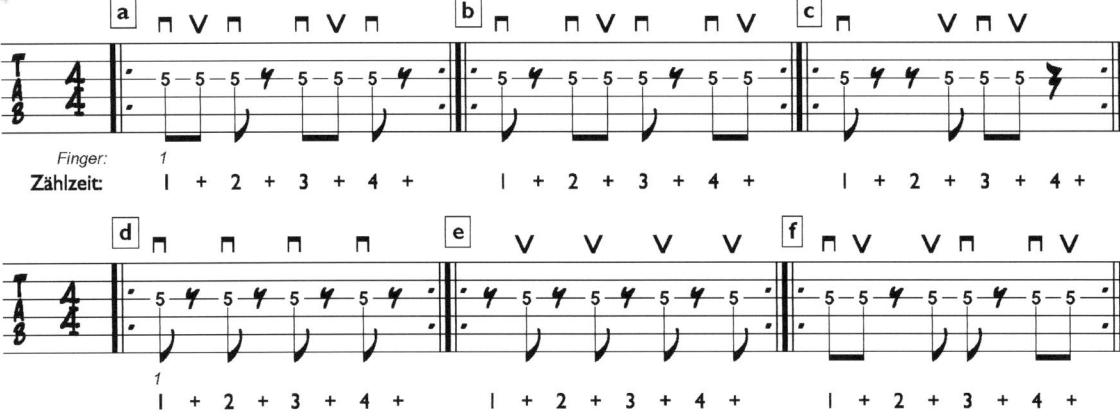

Licks mit Wechselschlag

Nun bist du bestens für die folgenden *Licks* vorbereitet.

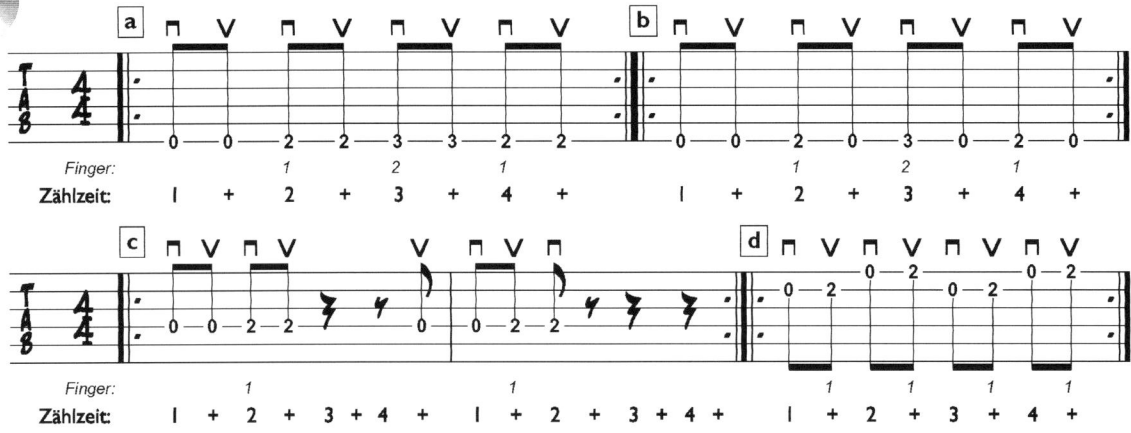

Lick e basiert auf einer oft anzutreffenden Idee: **Gegriffener Ton und Leersaite werden abwechselnd angeschlagen.** In ähnlicher Weise verläuft z.B. auch das *Intro* von **AC/DC's** *„Thunderstruck"*. Du wirst dieser Idee ebenfalls wieder in der *Spielwiese* von *Kapitel 9* begegnen.

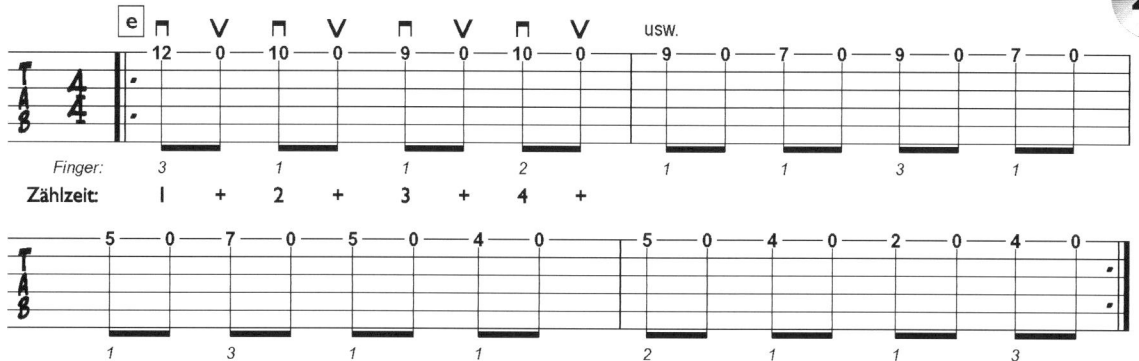

Gegriffener Ton und Leersaite werden hier konsequent abwechselnd angeschlagen.

Der Haltebogen

Ein *Haltebogen* verbindet zwei Noten *gleicher Tonhöhe* (Tabulatur: zweimal die gleiche Zahl auf einer Saite nebeneinander). Durch einen Haltebogen kann man die Zählzeiten bzw. den Rhythmus deutlicher machen oder auch spezielle Notenwerte darstellen. Die Notenlänge ist die Summe aus den beiden Einzelnoten. Praktisch bedeutet das: Schlage nur die erste Note an und halte sie bis zum Ende der zweiten aus.

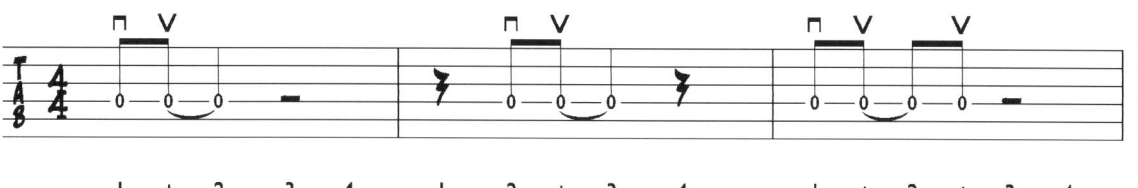

Schlage beim Haltebogen nur die erste Note an und halte bis zum Ende der zweiten aus!

Haltebogenübung

Vorgehensweise: Die *Übungen a bis c* bestehen jeweils aus zwei Teilen (*Wiederholungszeichen*). Spiele zunächst jede Teilübung mehrfach *im Kreis*, bis du sie beherrschst. Spiele erst dann die ganze Zeile *am Stück* durch.

Beachte die Pausen: Lasse den Druck des greifenden Fingers nach, sodass der Ton zur betreffenden Zählzeit verstummt (▶ S.23). Beginne *s e h r l a n g s a m* und zähle *laut* mit.

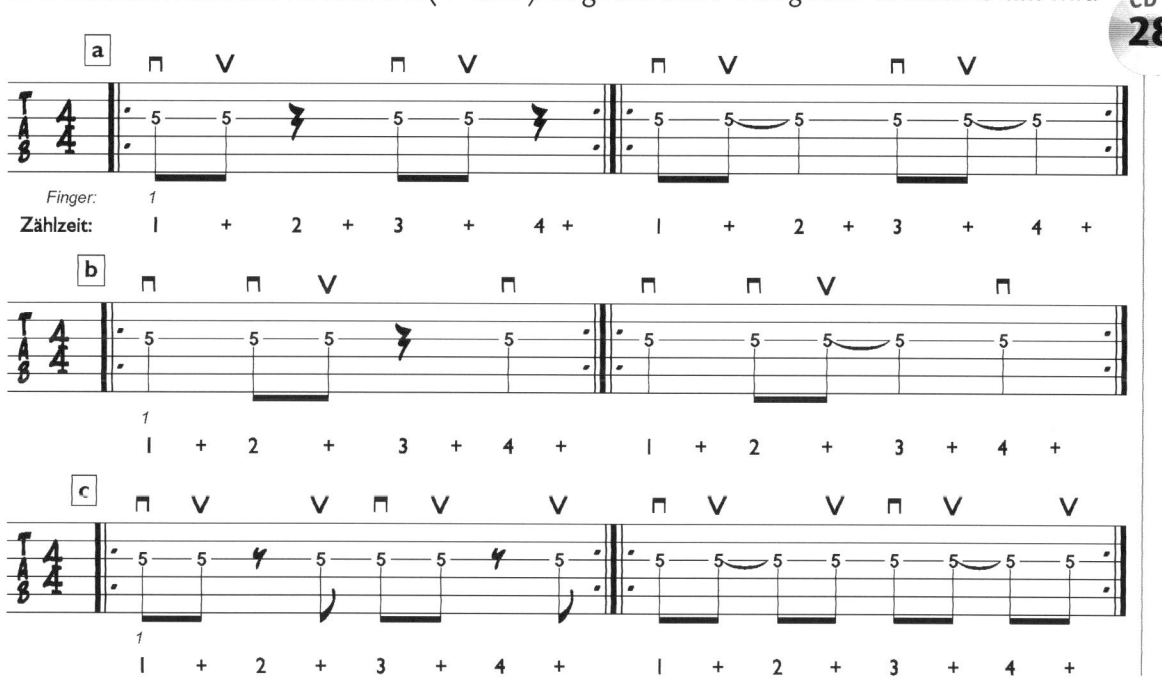

Halbe Note und Halbe Pause

Beachte: Viertel und *Halbe Noten* sehen in der *Tabulatur* gleich aus. Du kannst sie durch den Taktzusammenhang und durch ihre Position unterscheiden. So nimmt die Halbe Note z.B. mehr Raum ein als die Viertelnote.

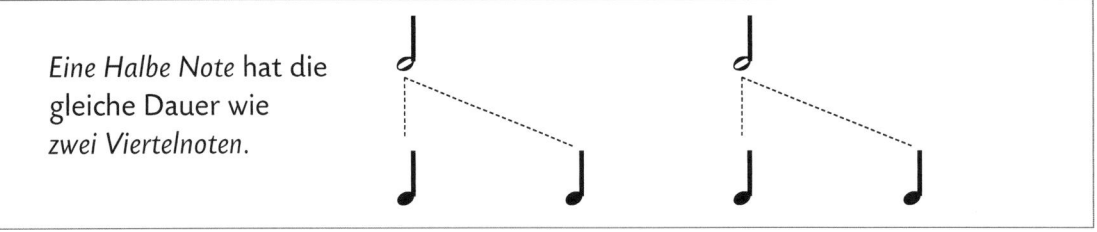

Eine Halbe Note hat die gleiche Dauer wie zwei Viertelnoten.

Übung mit Halben Noten
Zähle *laut* mit.

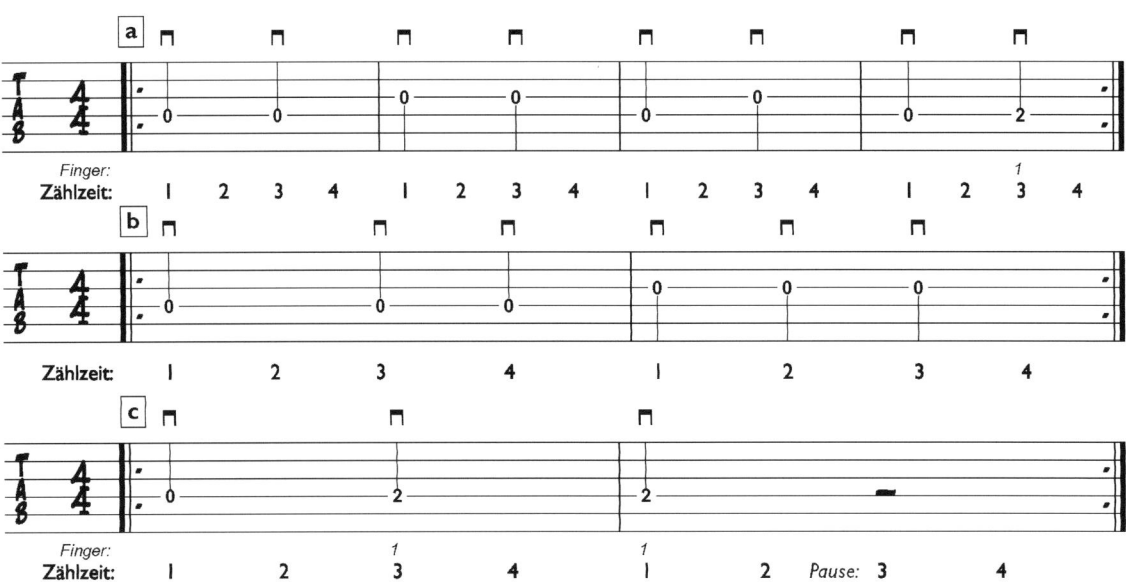

zu Übung c: Die Halbe Note im *zweiten Takt* wird gefolgt von einer *Halben Pause* auf **Zählzeit 3 und 4**. Sobald du Zählzeit 3 erreichst, lasse den Druck des greifenden Fingers plötzlich nach, sodass der Ton verstummt (▸ S. 23).

Übung – Halbe Note und Haltebogen

Im *ersten Takt* verlängert der *Haltebogen* die Halbe Note um eine Viertelnote. Der Ton wird also von Zählzeit 1 bis kurz vor Zählzeit 4 ausgehalten. Der Haltebogen im *zweiten Takt* verlängert die Viertelnote auf Zählzeit 2 um ein weiteres Viertel. Das entspricht also der Dauer einer Halben Note.

Licks mit Achteln, Vierteln und Halben

Jetzt bist du reif für ein paar gemischte Licks im Wechselschlag. Die jeweilige Schlagrichtung ergibt sich automatisch, wenn deine Schlaghand durchgängig im Wechselschlag läuft. Achte auf die Dauer der Töne (mitzählen)! Beginne *langsam*.

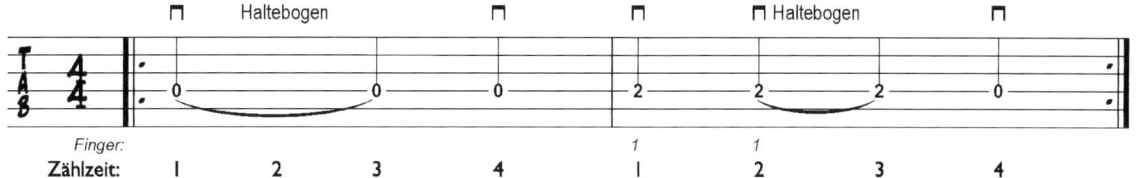

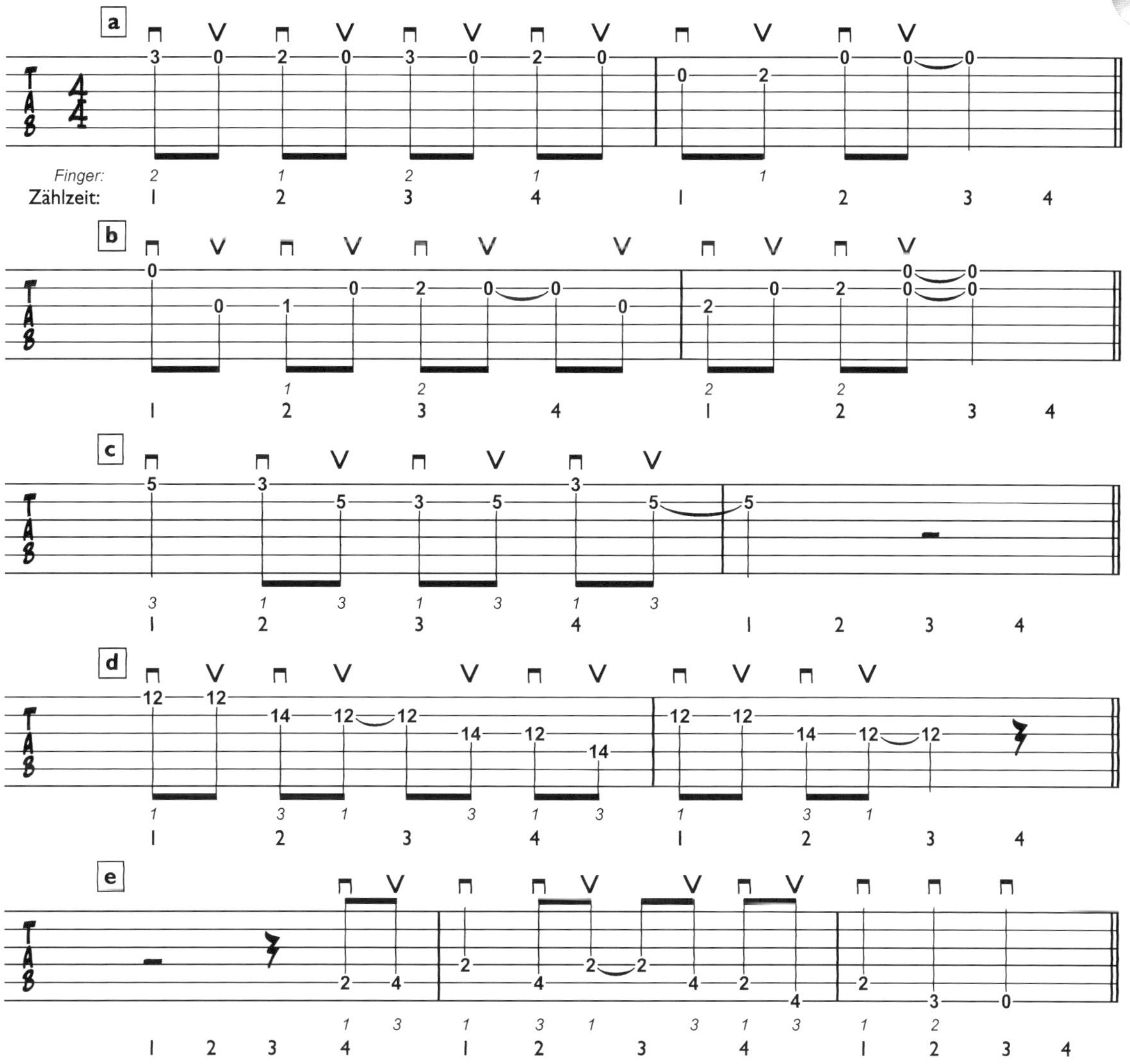

Slide

Du wirst es vielleicht bereits gespürt haben. Wenn wir durchweg jeden Ton anschlagen, klingt unser Gitarrenspiel ziemlich zackig. Das Anschlagen der Saiten ist nur eine Möglichkeit, um Töne zu erzeugen. Soll die Gitarre aber richtig „singen", bedienen wir uns so genannter *Legatotechniken*.

Slides

> Legato
>
> Der Begriff Legato bedeutet, aufeinander folgende Töne durch einen weichen Übergang zu verbinden.

Die Legatotechnik, die du hier kennen lernst, heißt **Slide** (*gleiten, rutschen*). Der greifende Finger gleitet von einem Ton zum nächsten, ohne dass der Zielton angeschlagen wird. Halte dabei den Druck auf die Saite bei, damit der Ton nicht abstirbt. Ein Slide kann schnell oder langsam ausgeführt werden. Wichtig ist, den Zielton zum rechten Zeitpunkt zu erreichen. Notiert wird ein Slide durch einen *geraden Strich*.

Slideübung

Beispiel Takt 1: Schlage den ersten Ton an. Rutsche *kurz vor* **Zählzeit 2** los, sodass du den Zielton genau *zur* **Zählzeit 2** erreichst (der Zielton wird natürlich nicht mehr angeschlagen). Je nachdem, wie weit vorher du das *Slide* beginnst, wird es schneller/kürzer oder langsamer/länger ausfallen.

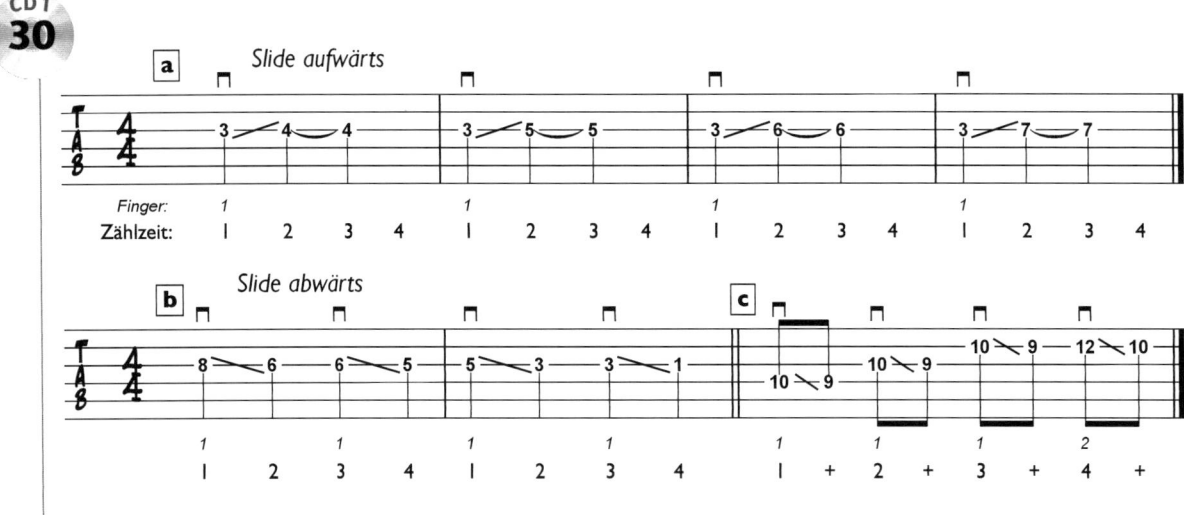

Tipp:

> ▸ Damit dein Finger locker über die Saite gleiten kann, darfst du nicht zu fest greifen. Aber wiederum nicht zu leicht, sonst stirbt der Ton ab.

Slide-in

Das *schnelle Hineingleiten* von einem unbestimmten Ton aus *aufwärts* nennt man *Slide-in*. Bei welchem Ausgangston du das *Slide-in* ansetzt, hängt z.B. vom *Tempo* des Stückes, der *Stilistik* und auch von deinem *Geschmack* ab. Notiert wird ein *Slide-in* durch einen Strich *vor* der Note.

Übung Slide-in

Beispiel erster Ton: Setze den Ton *einen Bund tiefer* an (vierter Bund). Schlage kurz vor **Zählzeit 1** an und rutsche schnell mit **Zählzeit 1** zum *fünften Bund*. Entsprechend bei den anderen Tönen. Probiere dann auch aus, *zwei* und *drei Bünde* (Halbtonschritte) tiefer anzusetzen.

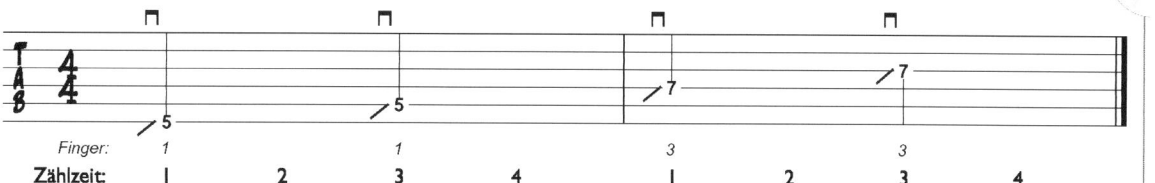

Slide-out

Das *Gegenstück* dazu ist das **Slide-out**. Du rutschst von dem aktuellen Ton auf der Saite *abwärts* und hältst den Greifdruck bei, sodass die Saite weiter schwingen kann. Wie weit und wie schnell du abwärts gleitest, bleibt – im Rahmen der Notendauer – dir überlassen. Notiert wird das Slide-out durch einen Strich *hinter* der Note.

Übung Slide-out

Schlage den Ton an, verweile kurz und gleite dann *abwärts*.

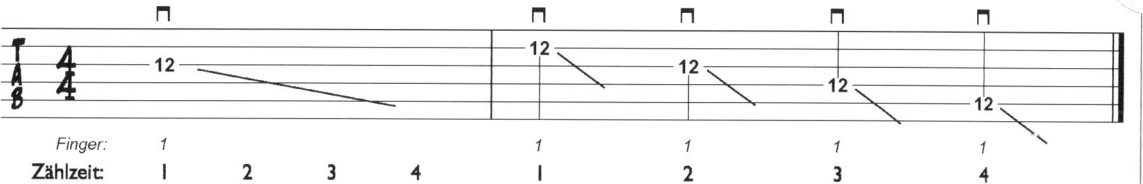

Licks mit Slide

Beide folgenden Licks beginnen mit einem Slide-in gefolgt von mehreren Slides. Achte darauf, die Zieltöne zur richtigen Zählzeit zu erreichen, also nicht zu früh oder zu spät.

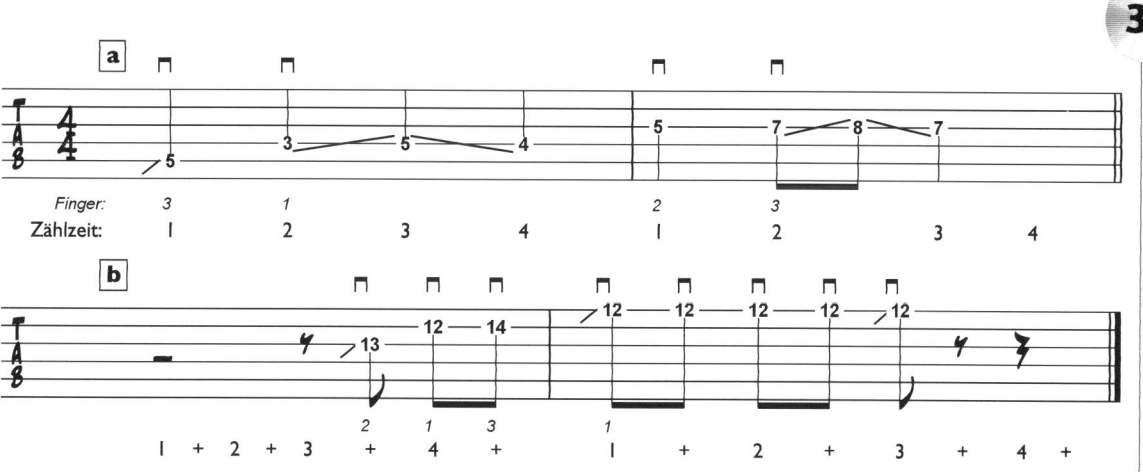

Double-Stops

Chuck Berry (*1931) gilt als einer der *Wegbereiter* der Rock- und Popmusik. Sein Song „*Mabellene*" gab 1955 den Startschuss für den Rock'n'Roll. Der Beat betonte, treibende Rhythmus, der für damalige Verhältnisse aggressive Sound, die Wortspiele in den Texten und nicht zuletzt die unterhaltsamen Showeffekte rissen eine ganze Generation quer durch alle Gesellschaftsschichten mit. Berrys Gitarrenspiel beeinflusste viele nachkommende E-Gitarristen. Sein Markenzeichen sind **Double-Stop Licks**, die u.a. seine Hits „*Carol*", „*Johnny B. Goode*" und „*Roll Over Beethoven*" einleiten.

Bei einem *Double-Stop* schlägt man *zwei Saiten gleichzeitig* an, sodass zwei Töne zusammen erklingen (zweistimmiger Lick). Berry griff die zwei Töne in der Regel *mit einem einzigen Finger (Zeige-, Mittel- oder Ringfinger)*, den er flach über die betreffenden Saiten legte. Diese Art zu Greifen nennt man **Barré** (*franz. = quergelegt*). Je nachdem, wie viele Saiten man dabei herunter drückt, spricht man von einem *kleinen Barré* (zwei bis drei Saiten) oder einem *großen Barré* (vier bis sechs Saiten).

 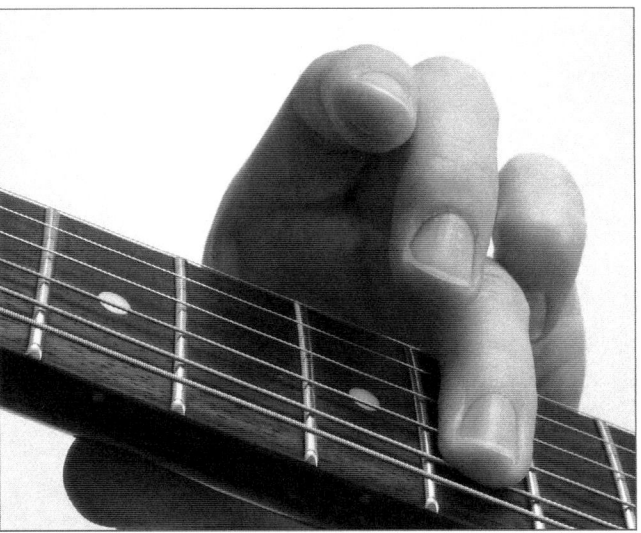

Kleiner Barré über die Saiten e / b mit Zeigefinger   *Kleiner Barré über die Saiten a / d mit Ringfinger*

Barréübung

Schlage durchgängig mit *Abschlägen* an. Beginne *langsam*.

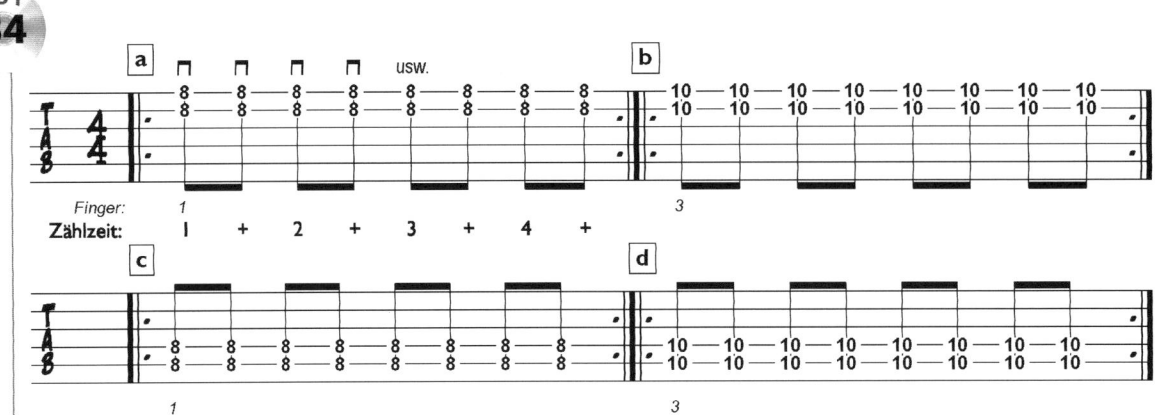

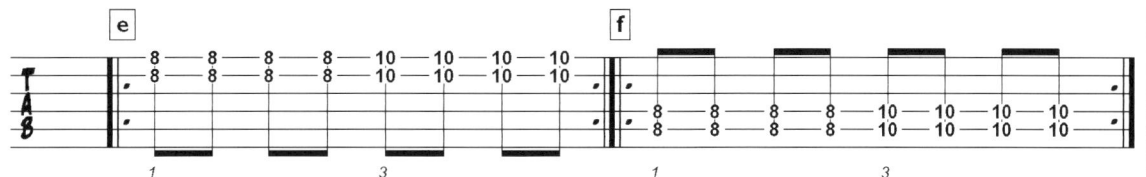

Licks mit Double-Stops 1

Verwende ausschließlich *Abschläge* und beginne *langsam*.

CD 1
35

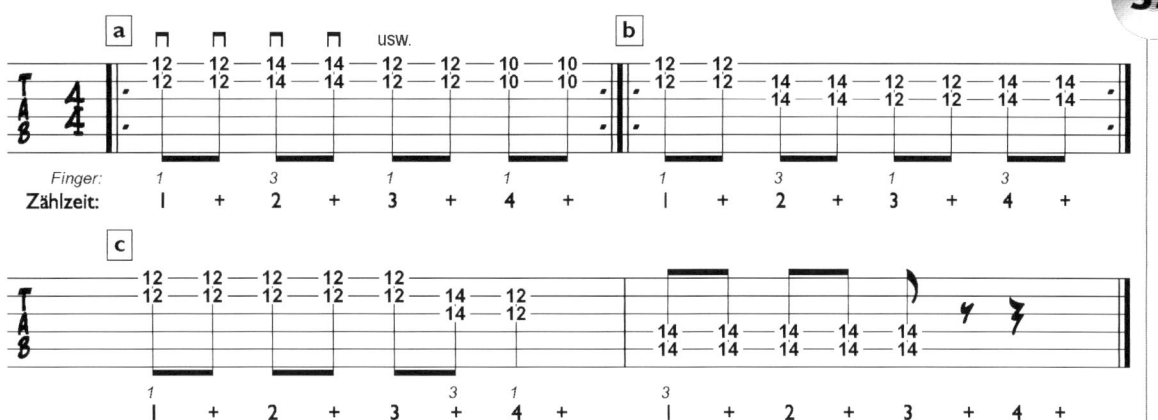

Licks mit Double-Stops 2

Hier sind *Einzeltöne (single notes)* und *Double-Stops gemischt*. Die Schlaghand läuft im durchgängigen Wechselschlag. Dadurch ergibt sich automatisch: *Abschläge* bei den Beats (1, 2, 3, 4) und *Aufschläge* bei den „Unds" (+).

Zu Lick b / c / d: Dämpfe die Saite für die Achtelpause auf **Zählzeit 2** exakt ab, indem du den Greifdruck plötzlich nachlässt (▶ S. 23); ebenso am Schluss auf **Zählzeit 2**. Verfahre genauso am Schluss von **Lick c** auf **Zählzeit 4**. Bei **Lick d** sind am Schluss auf **Zählzeit 4** die Leersaiten *abzudämpfen* (▶ S. 28).

Single Notes

Der Begriff „single notes" *(engl. einzelne Töne)* wird immer im Unterschied zur mehrstimmigen Spielweise (Akkorde/Double Stops) verwendet.

CD 1
36

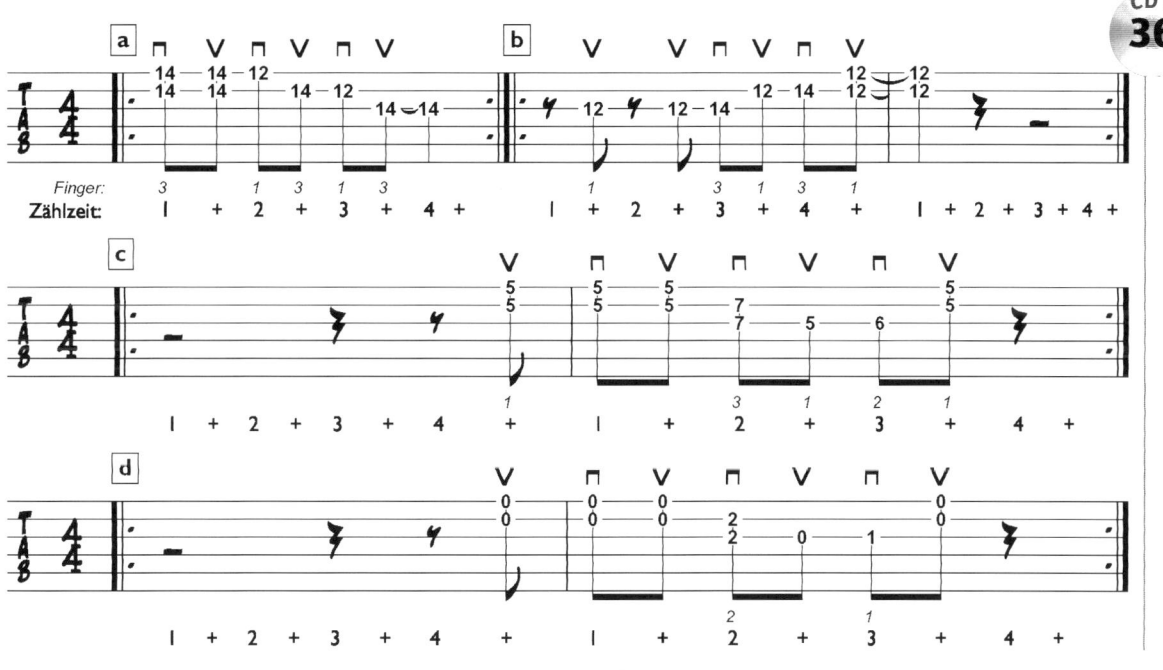

Übung mit Double-Stops und Slide-in

Setze die *Slide-ins* jeweils *einen Bund tiefer* an.

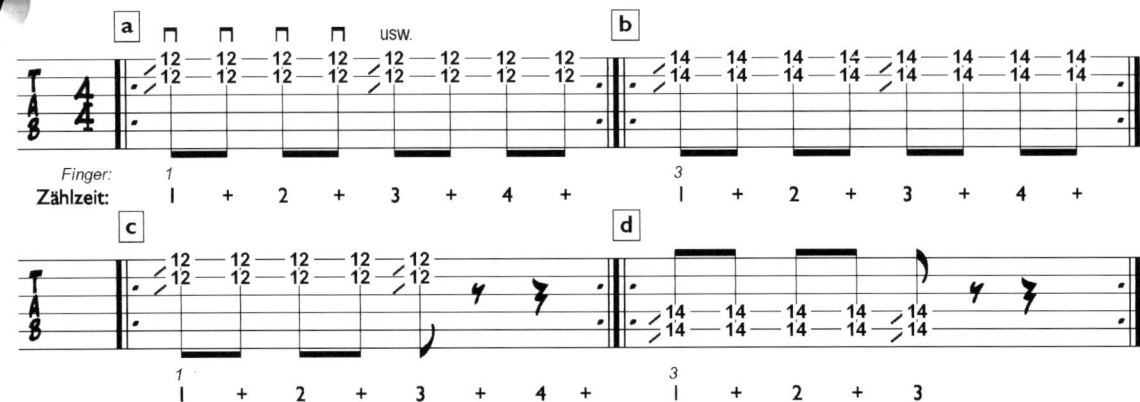

Lick mit Double-Stops und Slide-In

Ein typischer **Rock'n'Roll Lick,** wie ihn auch **Chuck Berry** nicht besser hätte erfinden können. Verwende *durchgängig Abschläge* und zähle zu Beginn *laut* mit.

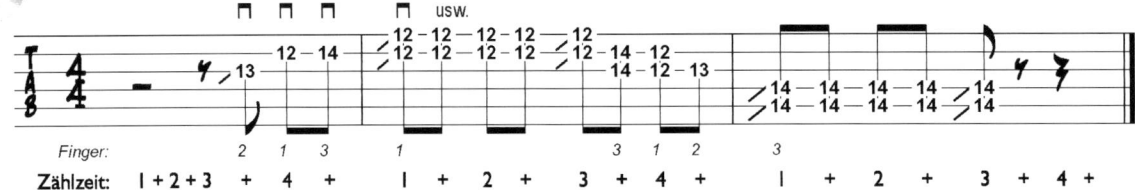

Spielwiese: Rock'n'Roll

Back to the fifties! Das Stück ist purer **Rock'n'Roll**. Zunächst der Überblick.

Ablauf

FORMTEIL	LEAD-GITARRE spielt ...
Intro	Single Note Licks (*ein Ton nach dem anderen*) und Double Stops (*zwei Töne gleichzeitig*)
Strophe	Einwürfe, die einem Gesang Platz lassen
Break/Solo	Single Note Licks und Double Stops
Schluss	Double Stops

CD

CD 1 **39**		**Vollplayback** - komplette Besetzung
CD 1 **40**	- CD 1 **48**	**Lead-Gitarre** - Die einzelnen Abschnitte der Lead-Gitarre langsamer und ohne Bandbegleitung.
CD 1 **49**		**Halbplayback** - Das Stück ohne Lead-Gitarre

Break

Bei einem **Break** (Unterbrechung, Pause) unterbricht die Begleitung. Dabei wird entweder vollständig pausiert oder es werden wie hier einzelne Einwürfe/ Akzente gesetzt, um den Solisten zu unterstützen. Breaks schaffen Abwechslung.

Einüben

Um ein längeres Stück zu lernen, unterteilt man es am besten in kleine Abschnitte. Das habe ich hier für dich bereits vorbereitet. Jeder dieser Abschnitte ist in der Tabulatur durch eine *Klammer* gekennzeichnet und *nummeriert*. Unter diesen Nummern sind auf der CD die einzelnen Abschnitte in verringertem Tempo und ohne Bandbegleitung zu hören. Zusammen mit der Tabulatur kannst du also genau verfolgen, wie eine Stelle gespielt werden soll. Die meisten Licks hast du bereits in diesem Kapitel kennen gelernt und eingeübt. Zum Beispiel beginnt das folgende Stück exakt mit dem Lick von S. 44.

Gehe in folgender Weise vor: Lerne jeden Abschnitt einzeln auswendig. Verbinde dann die einzelnen Abschnitte nach und nach miteinander. Spiele vom ersten bis zum zweiten Abschnitt. Wenn das klappt, spiele vom ersten bis zum dritten Abschnitt, dann vom ersten bis zum vierten Abschnitt usw. Arbeite dich so bis zum Ende des Stückes durch. Beginne *sehr langsam* und steigere dein Spieltempo erst, wenn du in dem gewählten Tempo fehlerfrei spielen kannst.

Achte auf die *Anschlagrichtung*, denn es gibt sowohl Abschnitte, die nur mit *Abschlägen* gespielt werden, als auch Abschnitte mit *Wechselschlag*. *Dämpfe* die Saiten für die *Pausen* exakt ab.

Ausblick

Die Gitarre, die die Begleitung spielt (die Großbuchstaben über der Tabulatur stehen für die Begleitakkorde), wird für dich nach dem nächsten *Kapitel „Powerchords"* eine Kleinigkeit sein.

And noooow – let's rock!

Back to the Fifties

Sound Lead-Gitarre

Ein **cleaner** (unverzerrter) Sound mit **etwas Hall** oder **kurzem Delay** ist für Rock'n'Roll bestens geeignet! Mehr zu Sounds ▸ S. 65ff

Übe erst jeden Abschnitt einzeln! Jeder Abschnitt hat seine eigene Track Nr. CD1 40 - CD1 48

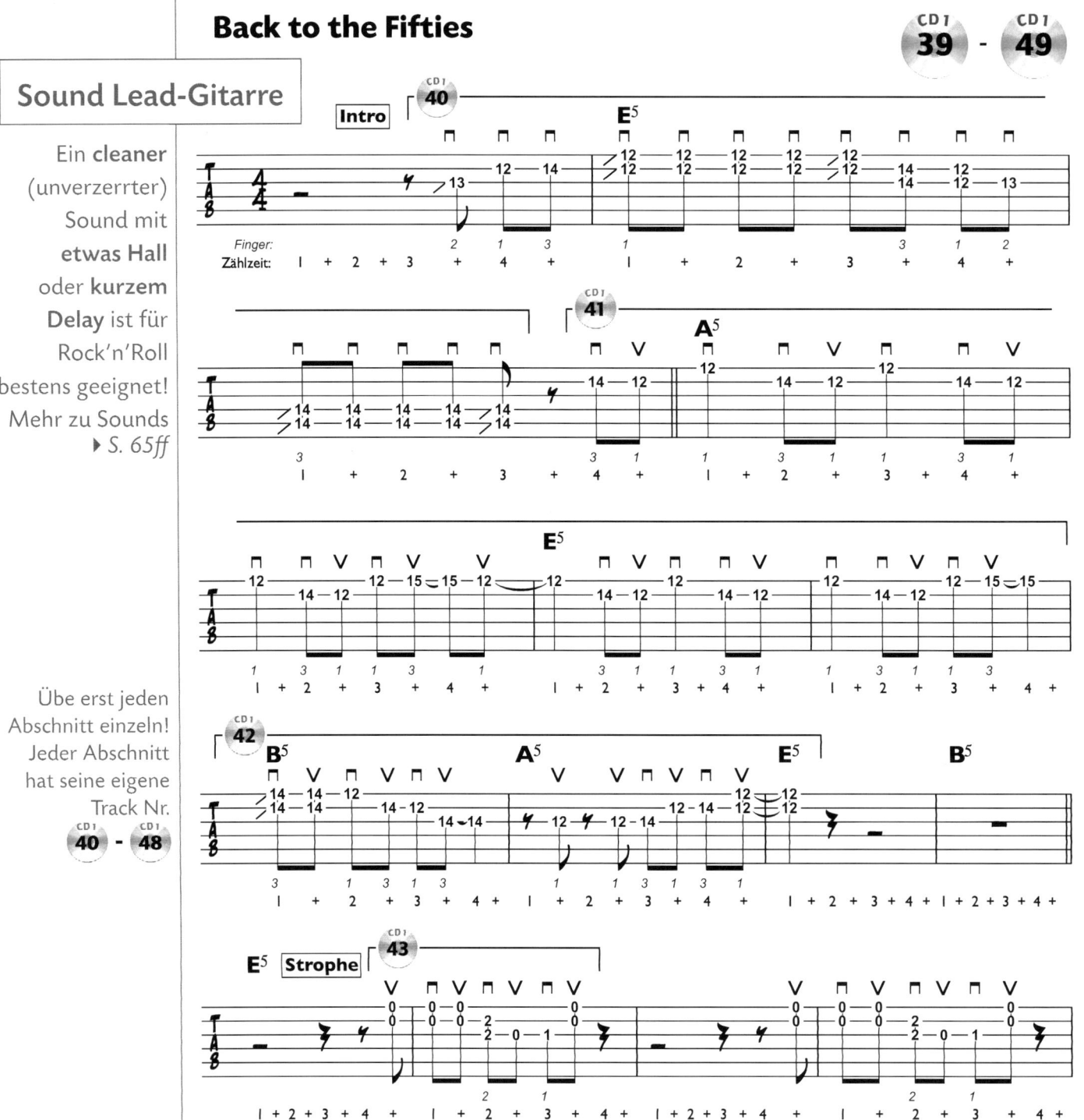

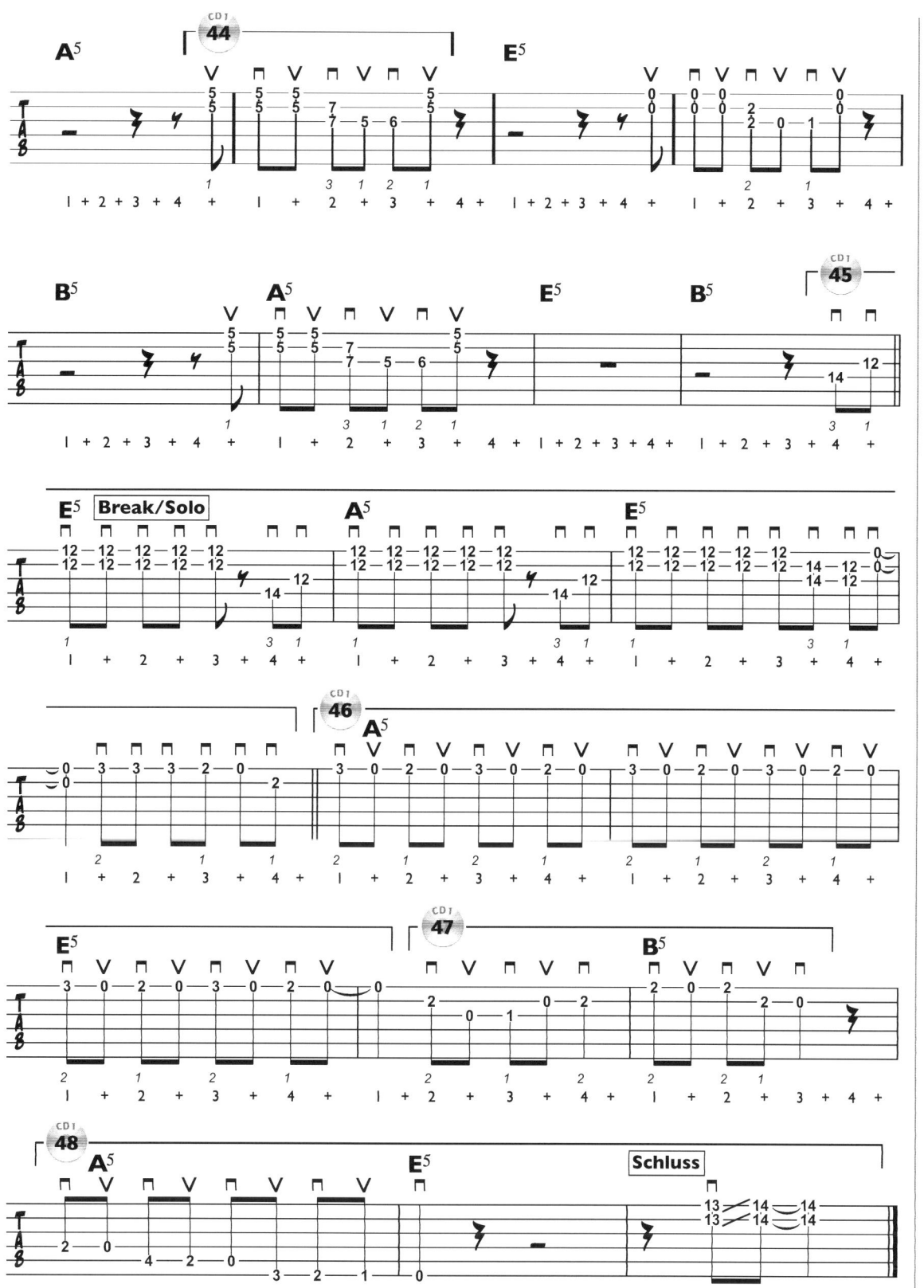

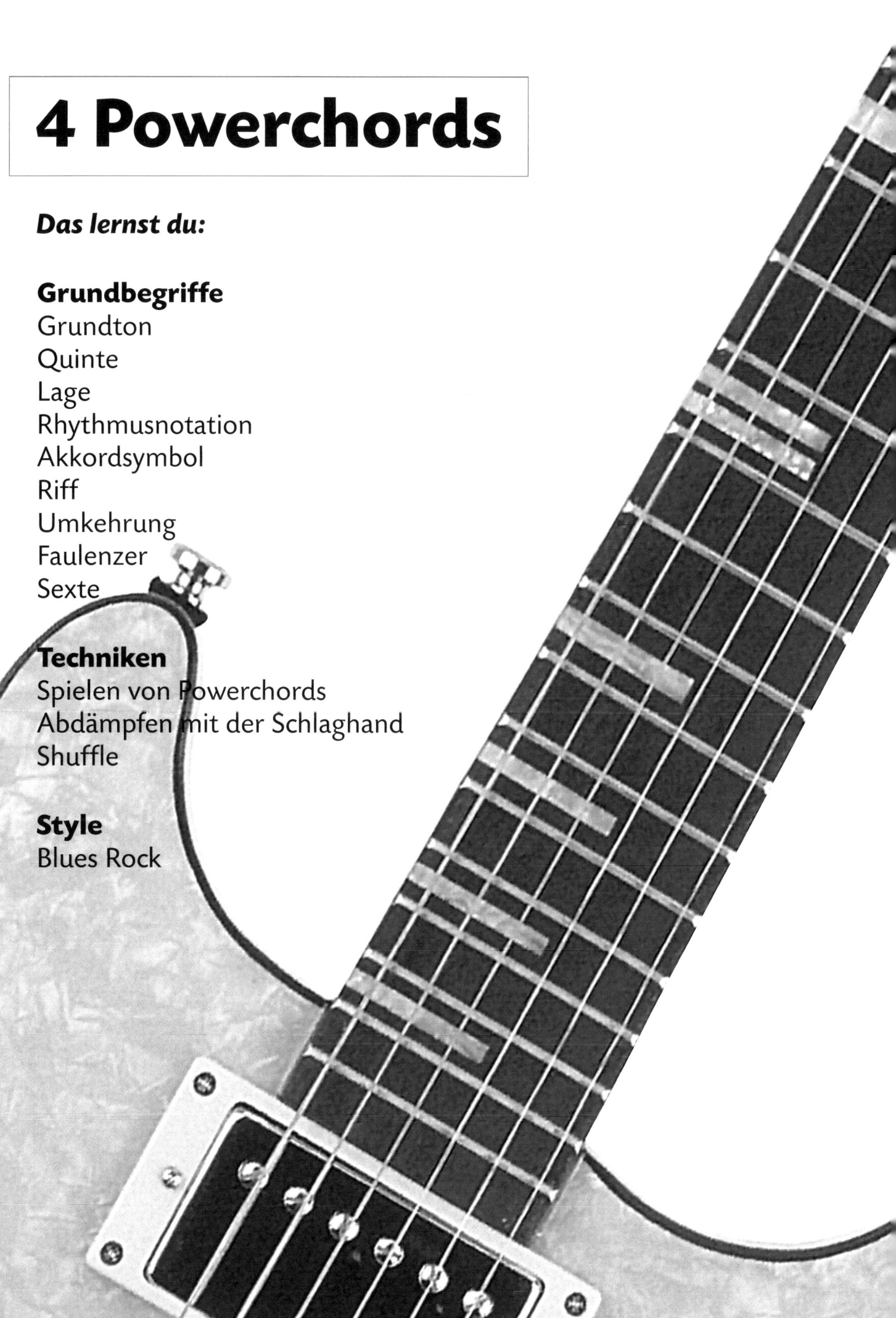

4 Powerchords

Das lernst du:

Grundbegriffe
Grundton
Quinte
Lage
Rhythmusnotation
Akkordsymbol
Riff
Umkehrung
Faulenzer
Sexte

Techniken
Spielen von Powerchords
Abdämpfen mit der Schlaghand
Shuffle

Style
Blues Rock

4 Powerchords

Powerchord

Der Begriff „Powerchord" setzt sich zusammen aus „power" (engl.: Kraft, Energie, Stärke) und „chord" (engl.: Akkord).

Spielt man *mehrere Töne gleichzeitig*, nennt man diesen Klang einen **Akkord** (▸ S. 88ff). Bei *Powerchords* - auf deutsch in etwa „kraftvolle Akkorde" - handelt es sich um ganz besondere Exemplare. Für alle Sparten des **Rock** sind Powerchords das tägliche Brot. Aber auch in anderen Stilistiken werden sie eingesetzt.

Trotz der Power verhält es sich anders, als du vielleicht vermutest:

Powerchords sind die einfachsten Griffe auf der Gitarre.

Das liegt hauptsächlich daran, dass nur *zwei* verschiedene Töne beteiligt sind:

- der *Grundton*, nach dem der Akkord benannt wird, und
- als zweiter Ton *die Quinte*, kurz die „5".

Quinte

Die Quinte (lat.: der Fünfte) ist vom Grundton aus gezählt der fünfte Ton.

Ist der *Grundton* zum Beispiel der Ton „**C**", so nennt man den Powerchord „**C^5**" (gesprochen „**C fünf**").

Der Power-Griff
Das Griffdiagramm

Akkorde werden in *Griffdiagrammen* dargestellt. Das Diagramm ist ein vereinfachtes Abbild des *Griffbretts* und zeigt einen bestimmten Ausschnitt (*hier vom Sattel bis zum fünften Bund*). Im Beispiel siehst du den Powerchord „**C^5**" im Foto und im Griffdiagramm. Zur besseren Orientierung ist im Diagramm mit einer römischen Zahl (▸ S. 126) angegeben, an welchem Bund der Griff beginnt. Das wird auch als **Lage** bezeichnet. Unser „**C^5**" wird also in der *dritten Lage* gegriffen (**III** = 3). Ein *schwarzer Punkt* steht für einen *gegriffenen Ton*, wobei eine *kleine Ziffer* den *Finger der Greifhand* angibt. **Kreuze** (**X**) markieren die Saiten, die *nicht* mitklingen sollen. Der *Grundton* ist hervorgehoben (◉).

Römische Ziffer = Bundangabe

Schwarzer Punkt = gegriffener Ton

Kleine Ziffer = Greiffinger

Kreuz (X) = Saite klingt nicht

◉ = Grundton

C^5 im Foto

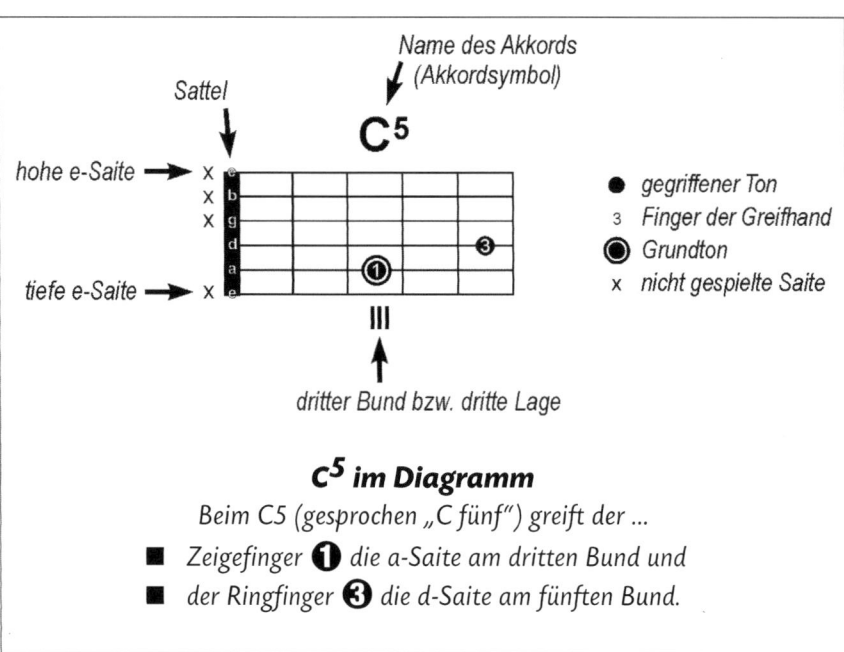

C^5 im Diagramm

Beim C5 (gesprochen „C fünf") greift der ...
- Zeigefinger ❶ die a-Saite am dritten Bund und
- der Ringfinger ❸ die d-Saite am fünften Bund.

Wie du erkennen kannst, ist der **Grundton** (◉) der *tiefere* und die **Quinte** der *höhere* Ton. Das ist die *Grundstellung*. Da der Griff für alle Powerchords genauso aussieht, nenne ich ihn den **Power-Griff**.

Übung – C⁵

Greife den **C⁵** und schlage die zwei beteiligten Saiten (*a-Saite* und *d-Saite*) gleichzeitig durch *Abschlag mit dem Plektrum* an - wie du es z. B. bereits von den *Double Stops* (▶ *Kapitel 3, S. 42ff*) kennst.

Tabulatur und Rhythmusdarstellung
Notiert könnte die vorangegangene Übung folgendermaßen aussehen.

Ausführliche Notation in der Tabulatur

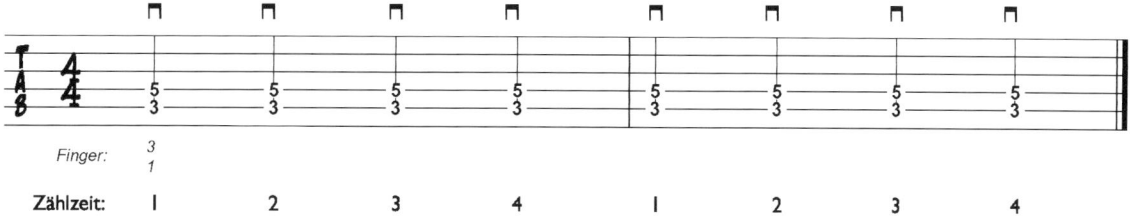

Da wir den Griff bereits aus dem Griffdiagramm kennen, können wir die Darstellung deutlich vereinfachen. Wir notieren nur noch den *Namen* des Akkords (*Akkordsymbol*) und den *Rhythmus* (*hier Viertelnoten*). Wie du siehst, werden die *Notenköpfe* der Viertelnoten ebenfalls *vereinfacht* dargestellt.

Vereinfachte Rhythmusdarstellung

Rhythmusübung
Bei dieser Übung lernst du, den C⁵ in verschiedenen Rhythmen zu spielen. Verwende ausschließlich *Abschläge* und spiele jeden Teil mehrfach *im Kreis*. Beginne *langsam*.

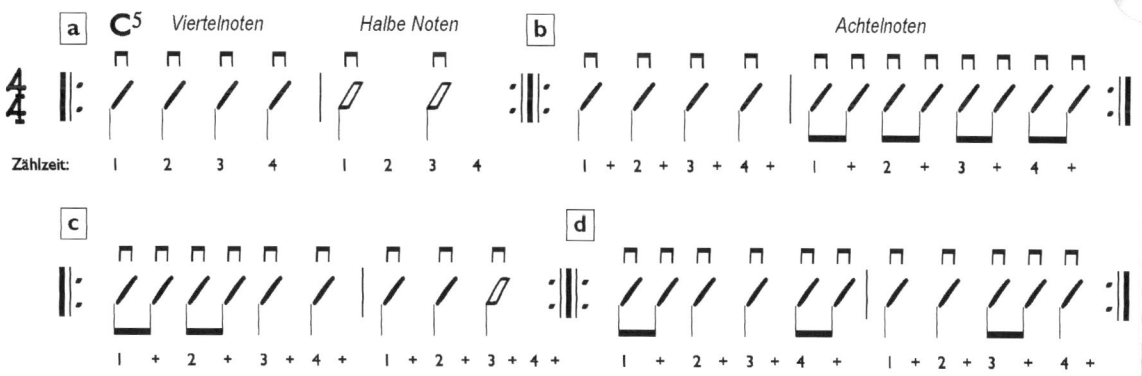

4 Powerchords

Verschieben des Power-Griffs

Du hast den Power-Griff am Beispiel des C^5 kennen gelernt. Und das war's im Prinzip. Denn dieser Griff kann einfach in jede andere Lage (▸ S. 50) verschoben werden. Durch das Verschieben ändert sich zusammen mit der Tonhöhe auch der Name des Akkords und so steht dir die ganze Welt der Powerchords offen! Im Folgenden werden wir uns damit näher befassen.

Power-Griff verschoben an 1. Bund	Power-Griff verschoben an 5. Bund
Bb^5	D^5
Beim Bb^5 (gesprochen „Be be fünf") greifen ... ■ der Zeigefinger ❶ die a-Saite am 1. Bund ■ der Ringfinger ❸ die d-Saite am 3. Bund	Beim D^5 (gesprochen „D fünf") greifen ... ■ der Zeigefinger ❶ die a-Saite am 5. Bund ■ der Ringfinger ❸ die d-Saite am 7. Bund

Verschiebeübung C^5 - D^5 - Bb^5

Halte die Stellung der greifenden Finger beim Akkordwechsel bei. Lockere etwas den Greifdruck, rutsche entlang der Saiten in die neue Position und greife wieder zu. Merke dir Name und Lage dieser Powerchords!

Bb5 = 1. Bund
C5 = 3. Bund
D5 = 5. Bund

Ein Akkordsymbol gilt so lange, bis ein neuer Akkord auftaucht.

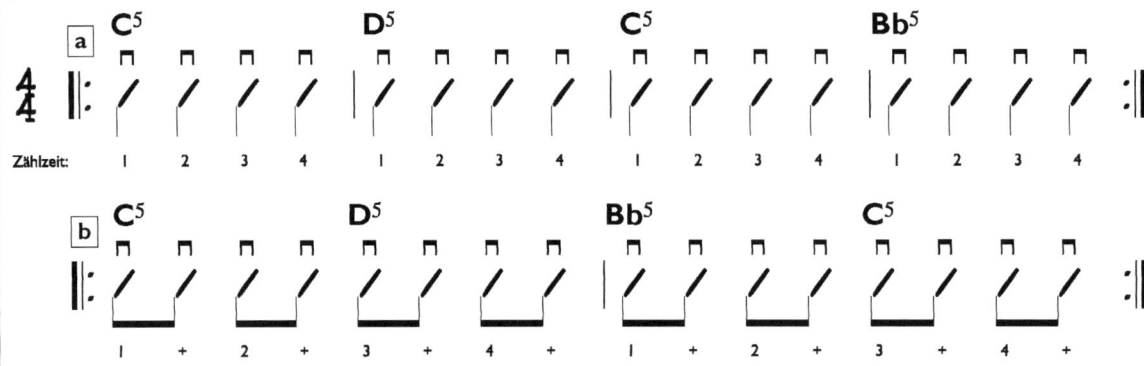

Übertragen des Power-Griffs auf andere Saiten

Der Power-Griff kann genauso auf andere Saiten übertragen werden. Wie auch beim Verschieben auf dem Griffbrett ändern sich *Tonhöhe* und *Name* des Akkords. Für die folgenden Powerchords setzen wir den Griff auf die e- und a-Saite, also eine Saite tiefer. Merke dir Name und Lage der folgenden Powerchords.

Power-Griff auf e- und a-Saite am 1. Bund	Power-Griff auf e- und a-Saite am 3. Bund
F^5 diagram, Finger 1 auf 1. Bund e-Saite, Finger 3 auf 3. Bund a-Saite	G^5 diagram, Finger 1 auf 3. Bund e-Saite, Finger 3 auf 5. Bund a-Saite
Beim F^5 (gesprochen „F fünf") greifen ... ■ der **Zeigefinger** ❶ die e-Saite am **1. Bund** ■ der **Ringfinger** ❸ die a-Saite am **3. Bund**	*Beim G^5 (gesprochen „G fünf") greifen ...* ■ der **Zeigefinger** ❶ die e-Saite am **3. Bund** ■ der **Ringfinger** ❸ die a-Saite am **5. Bund**

Übung C^5 - G^5 - F^5

Halte beim Akkordwechsel die Stellung der greifenden Finger bei. Hebe die Finger nur ein paar Millimeter von den Saiten ab, wechsele in die neue Position und setze die Finger wieder auf. Beginne *langsam!*

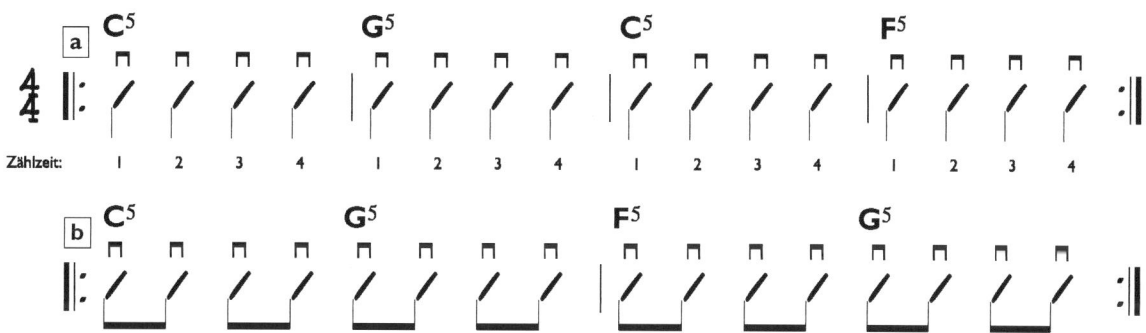

Wechselschlag bei Powerchords

Wir können Powerchords natürlich auch mit dem *Wechselschlag* anschlagen. Zum einen bringt es klanglich eine Abwechslung, zum anderen können wir damit auch schnellere Passagen bequem spielen.

Wechselschlagübung Powerchords

Bewege die Schlaghand gerade nur soviel, dass du die zwei betreffenden Saiten anschlagen kannst. Beginne *langsam* und steigere das Tempo nach und nach.

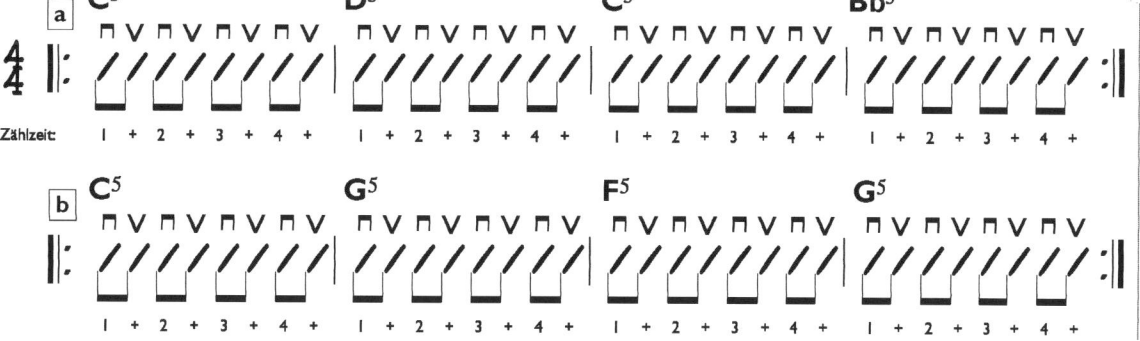

Schlage *nur* mit der **Spitze des Plektrums** an und probiere *unterschiedliche Winkel* aus.

4 Powerchords

Powerchord-Riffs

Riff

Jetzt bist du so weit, die folgenden *Riffs* spielen zu können.

Zu a: Durch die Wiederholung stoßen *zwei Takte* mit **F5** aufeinander, nämlich der letzte Takt des ersten Durchgangs und der erste Takt des zweiten Durchgangs.

Zu b: *Dämpfe* für die Pausen exakt ab, indem du den Greifdruck nachlässt (▶ S. 23).

Mit **Riff** wird eine mehrstimmige, hervorstechende Tonfolge bezeichnet, die *mehrfach* wiederholt bzw. eingeworfen wird. Der Riff kann begleitende, einleitende oder überleitende Funktion haben.

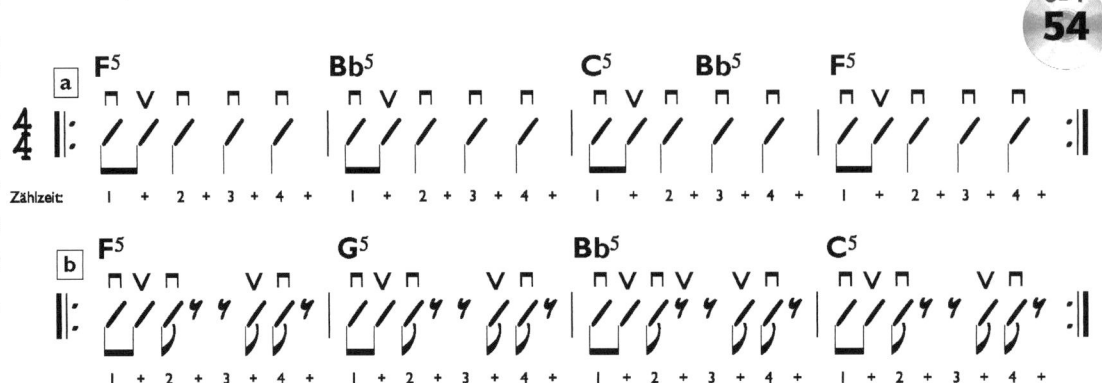

Umkehrung von Powerchords

Umkehrung

Bislang haben wir die Powerchords so gespielt: Der *Zeigefinger* ❶ greift den *Grundton*, der *Ringfinger* ❸ die *Quinte (die „5")*. Dabei ist der *Grundton* der *tiefere Ton* und die *Quinte* der *höhere*, was als **Grundstellung** bezeichnet wird.

Bei der **Umkehrung** wird der Grundton zum hohen und die Quinte zum tiefen Ton des Powerchords.

Stellt man den Akkord um, sodass der *Grundton* der *höhere* von beiden Tönen ist und die *Quinte* der *tiefere Ton*, nennt man das *Umkehrung*. Es gibt *zwei* Möglichkeiten, um die Töne umzukehren:

1. Die *Quinte* wechselt ihre Position oder

2. Der *Grundton* wechselt seine Position.

Grundstellung und Umkehrung klingen unterschiedlich, obwohl es sich um den gleichen Akkord handelt. Durch die Verwendung von Umkehrungen wird dein Powerchord-Spiel abwechslungsreicher werden.

1. Die Quinte wechselt die Position

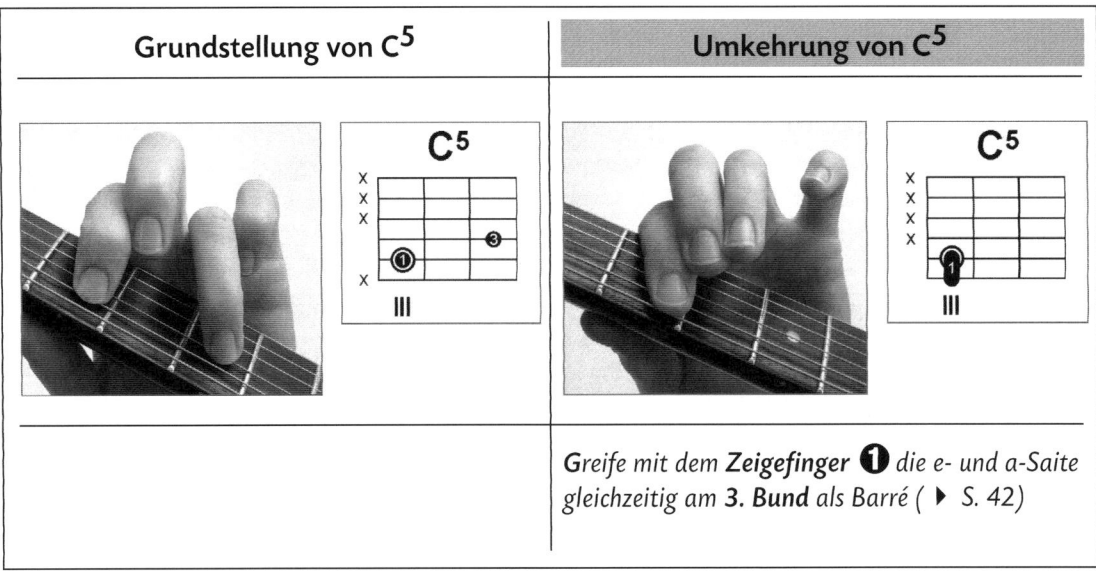

Grundstellung von C5	Umkehrung von C5
	Greife mit dem **Zeigefinger** ❶ die e- und a-Saite gleichzeitig am **3. Bund** als Barré (▶ S. 42)

Garantiert E-Gitarre lernen

In gleicher Weise lassen sich auch die *anderen Powerchords* umkehren.

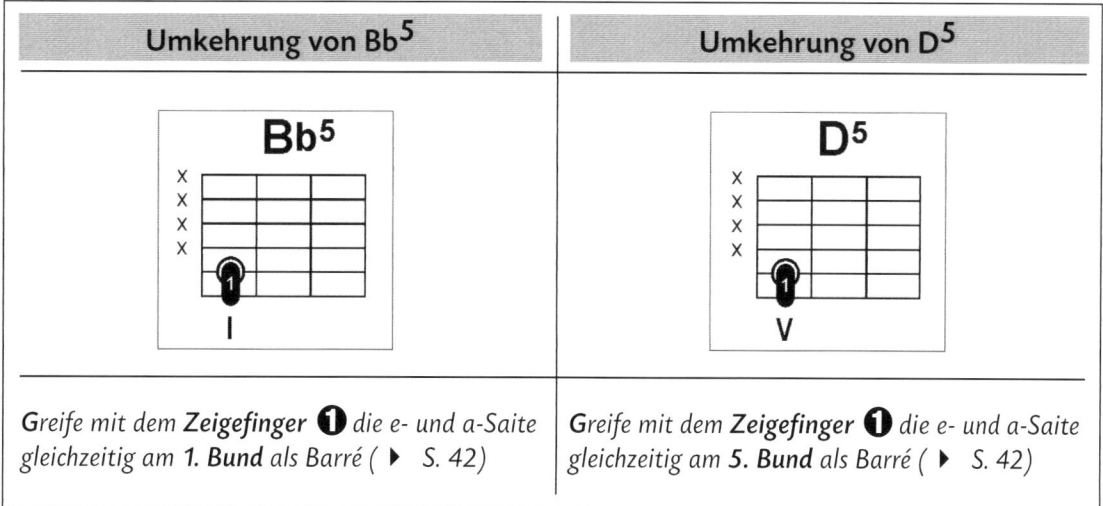

Umkehrung von Bb⁵	Umkehrung von D⁵
Greife mit dem Zeigefinger ❶ *die e- und a-Saite gleichzeitig am 1. Bund als Barré (▶ S. 42)*	*Greife mit dem Zeigefinger* ❶ *die e- und a-Saite gleichzeitig am 5. Bund als Barré (▶ S. 42)*

Übung Powerchord-Umkehrungen 1

Verwende die Umkehrungen der Powerchords wie oben dargestellt.

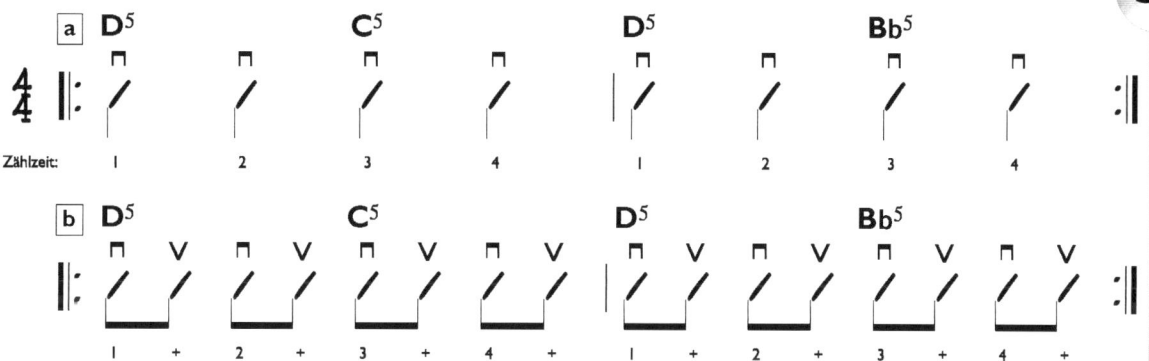

Riff mit Powerchord-Umkehrungen 1

Verwende die Umkehrungen der Powerchords.

Zu a: Wie du erkennen kannst, wird nur zu den Beats angeschlagen (1, 2, 3, 4).

Die *Slides* (▶ S. 40) werden folgendermaßen ausgeführt:

Schlage den ersten Akkord an und gleite die *zwei Bünde höher* zum nächsten Akkord, sodass du ihn auf „+" erreichst. (die Saiten klingen beim Slide weiter!).

Zu b: *Dämpfe* für die Pausen exakt ab, indem du den Greifdruck nachlässt (▶ S. 23).

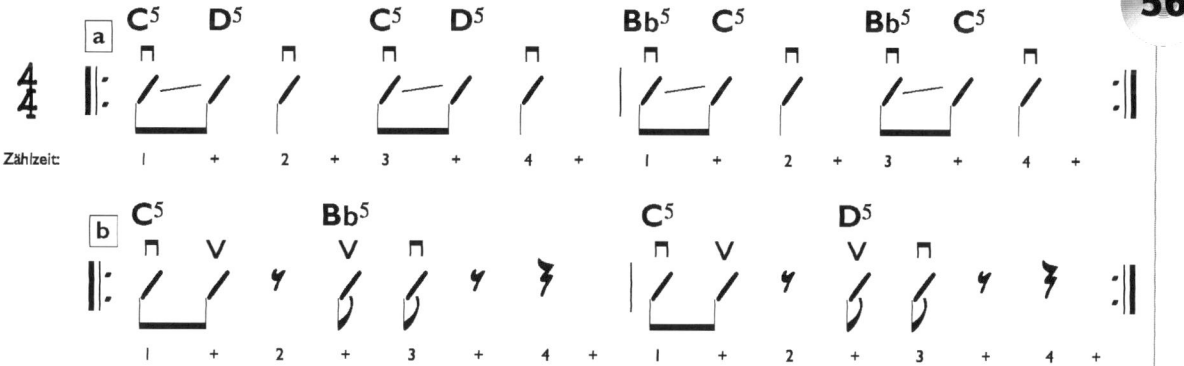

2. Der Grundton wechselt die Position

Grundstellung von G⁵	Umkehrung von G⁵
G⁵ (III)	G⁵ (V)
	Greife die a- und d-Saite gleichzeitig mit einem Finger (Zeige-, Mittel- oder Ringfinger) am 5. Bund als Barré (▸ S. 42)

Grundstellung von F⁵	Umkehrung von F⁵
F⁵ (I)	F⁵ (III)
	Greife die a- und d-Saite gleichzeitig mit einem Finger (Zeige-, Mittel- oder Ringfinger) am 3. Bund als Barré (▸ S. 42)

Übung Powerchord-Umkehrungen 2

Verwende obige Umkehrungen der Powerchords. Der **G⁵** wird hier mit dem *Ringfinger* ❸ und der **F⁵** mit dem *Zeigefinger* ❶ gegriffen.

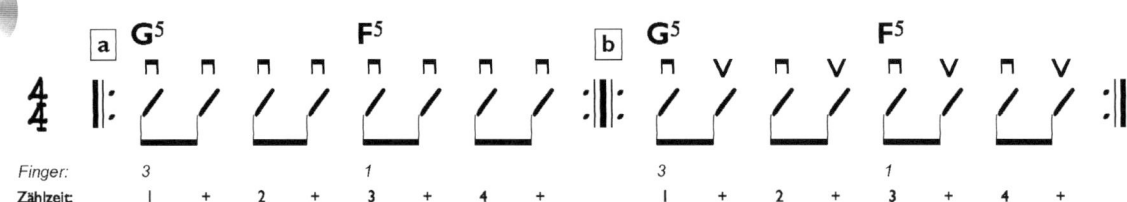

Riff mit Powerchord-Umkehrungen 2

Der Reiz dieses Riffs liegt in seinem *vertrackten Rhythmus*. Verwende die Umkehrungen der Powerchords und greife den **G⁵** mit dem *Ringfinger* ❸ und den **F⁵** mit dem *Zeigefinger* ❶ - wie in der vorangegangenen Übung. Die Pausen verwirklichst du wie gehabt: Lasse den Druck des greifenden Fingers plötzlich nach, sodass die Saiten genau zur betreffenden Zählzeit verstummen (Finger bleiben locker auf den Saiten liegen ▸ S. 23). Beginne *sehr langsam* und zähle *laut* mit („*1 und 2 und 3 und 4 und*" usw.).

Garantiert E-Gitarre lernen

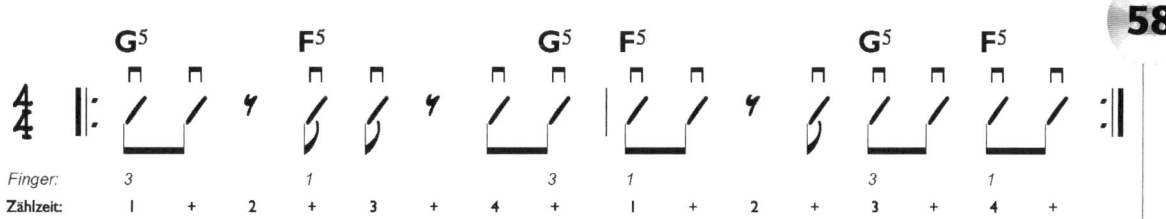

Powerchords in Grundstellung und in Umkehrung

Kommen Powerchords *sowohl* in Grundstellung *als auch* in Umkehrung vor, notiert man das am besten wieder ausführlich. Aus der Tabulatur geht stets genau hervor, welche Töne wie zu greifen sind. Beachte das *Slide* (▸ S. 40) in den *Takten 1 und 2* auf Zählzeit „4+".

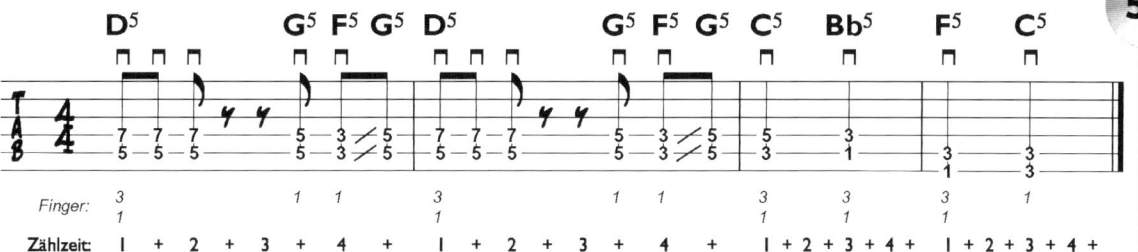

Powerchords mit verdoppelten Tönen

Sollen Akkorde richtig fett klingen, verdoppelt man Töne. Dazu erweitern wir die Powerchords um eine dritte Saite.

Powerchords über drei Saiten in Grundstellung

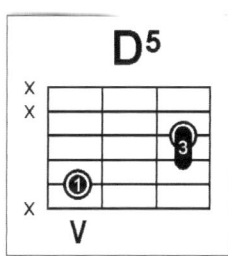

Der Zeigefinger ❶ *greift die a-Saite am 5. Bund.*
Der Ringfinger ❸ *greift d- und g-Saite gleichzeitig als Barré am 7. Bund.*

Bei A⁵ und G⁵ sieht das entsprechend aus:

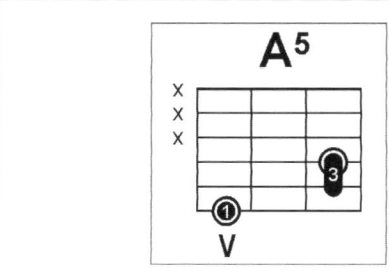
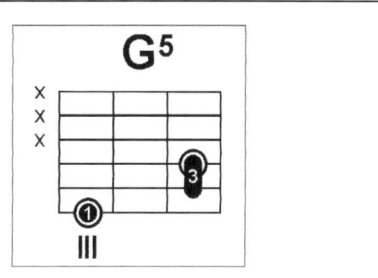

Übung

Verwende die Power-Griffe über drei Saiten in Grundstellung.

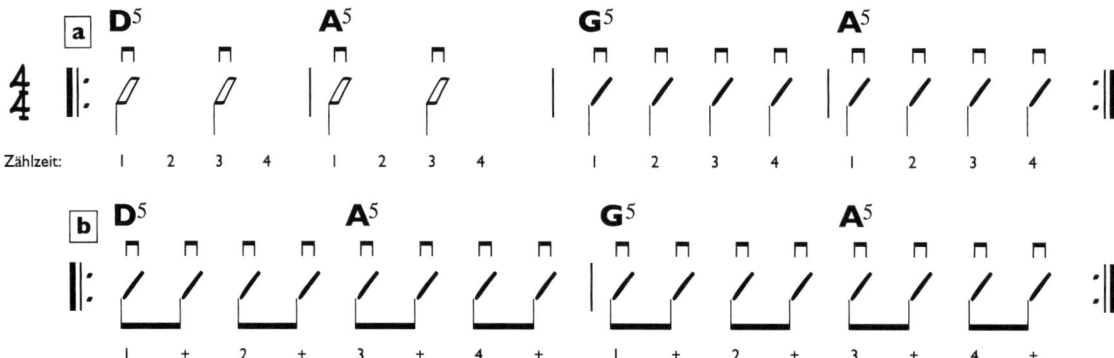

Riff 1

Dämpfe für die Pausen exakt ab, indem du den Greifdruck nachlässt (▶ S. 23).

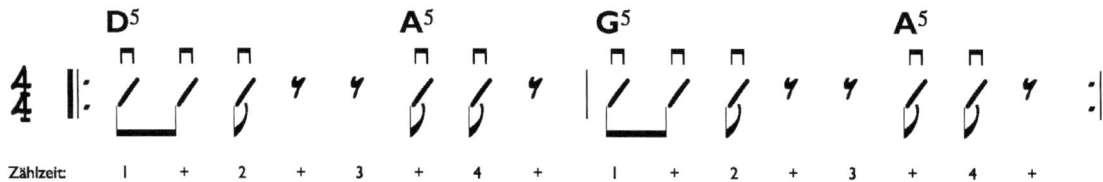

Riff 2

Damit der folgende Riff flüssig durchlaufen kann, wird der E⁵ mit dem *Mittelfinger* ❷ gegriffen.

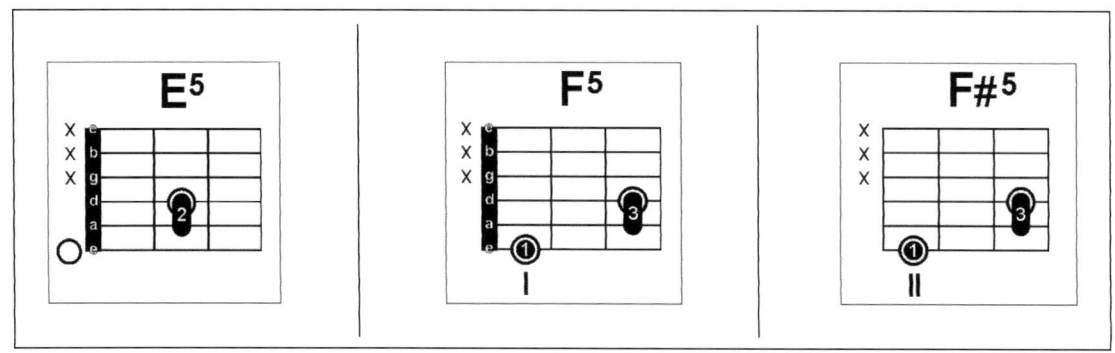

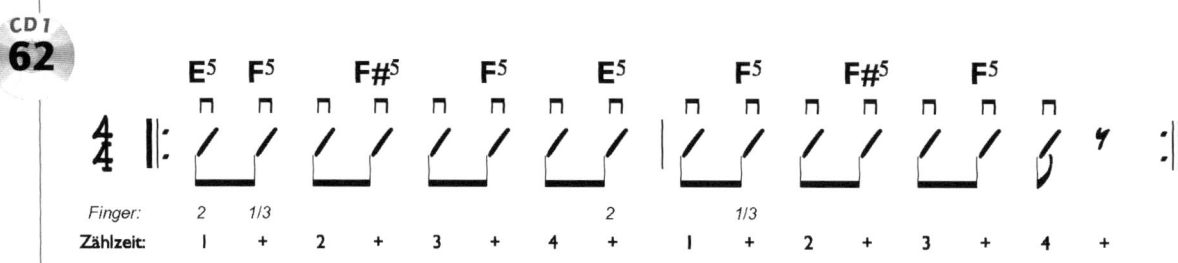

Riff 3

Verwende die Power-Griffe über drei Saiten wie oben. Greife den E^5 mit dem *Mittelfinger*.
In der *Spielwiese von Kapitel 8* wird dir dieser **Metal-Riff** wieder begegnen ▶ *S. 109ff*).

Powerchords über drei Saiten in Umkehrung

Auch bei drei Saiten kann man den Powerchord *umkehren*. Die *Quinte* wird dabei *tiefster und höchster Ton* und umrahmt den *Grundton*, der *in der Mitte* sitzt.

Umkehrungen über drei Saiten

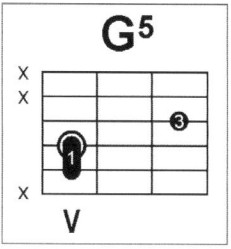
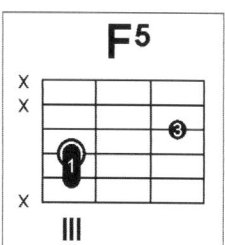

Der **Zeigefinger** ❶ greift **gleichzeitig** als Barré die a- und d-Saite am **5. Bund**.
Der **Ringfinger** ❸ greift g-Saite **gleichzeitig** am **7. Bund**.

Beim F^5 geht das genauso, allerdings in der **3. Lage**.

Übung

Verwende obige Power-Griffe über drei Saiten in Umkehrung.

Riffs mit Powerchords in Grundstellung *und* in Umkehrung über drei Saiten

Kommen Grundstellung und Umkehrung zusammen vor, erweist uns die Tabulatur wieder gute Dienste.

Zu a: Alle Akkorde werden mit *Zeige- und Ringfinger* gegriffen (*vgl. Griffdiagramme oben*).

Zu b: Greife den E^5 mit dem *Mittelfinger*, die anderen Akkorde mit *Zeige- und Ringfinger*. Zähle *laut* mit.

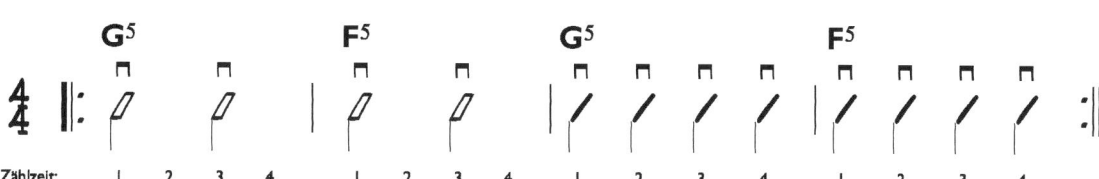

Beachte die Haltebögen (vgl. S. 37). Schlage nur die jeweils erste Note an und lasse den Ton bis zum Ende der zweiten klingen!

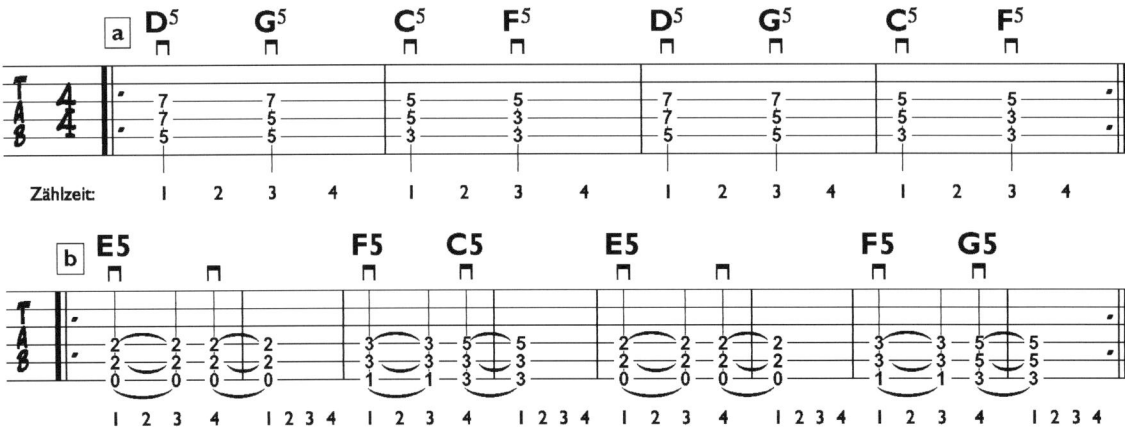

Powerchords mit offenen Saiten

Powerchords lassen sich natürlich auch in die „nullte" Lage („0") verschieben. Hier die bekanntesten Vertreter über zwei Saiten in Grundstellung mit dem Grundton auf einer Leersaite:

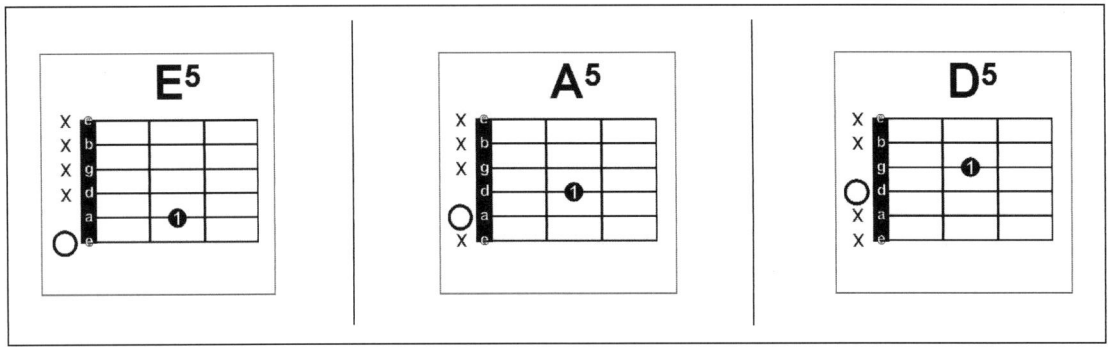

Den E^5 hast du schon oben kennen gelernt, allerdings über drei Saiten. Auch in *Kapitel 2* unter *„Abschlag über zwei Saiten"* hast du diese Griffe bereits gespielt, ohne jedoch ausdrücklich zu wissen, dass es sich um Powerchords handelt (▶ *S. 30)*.

Faulenzer

%. = „Faulenzer", erspart Schreibarbeit, wenn ein Takt genau gleich ist wie der vorangegangene. Auch die Notation wird übersichtlicher.

12taktiges Blues-/Rock'n'Roll-Schema

Das folgende *12taktige Formschema* bildet die Basis für Tausende von Songs aus **Blues**, **Rock'n'Roll** und **Rock**. Notiert man es in drei Zeilen zu je vier Takten, erkennt man sein typisches *Merkmal*:

Zu Beginn jeder Zeile taucht einer der drei vorigen Akkorde auf.

Spiele das folgende Stück mit den obigen Griffen E^5, A^5, D^5.

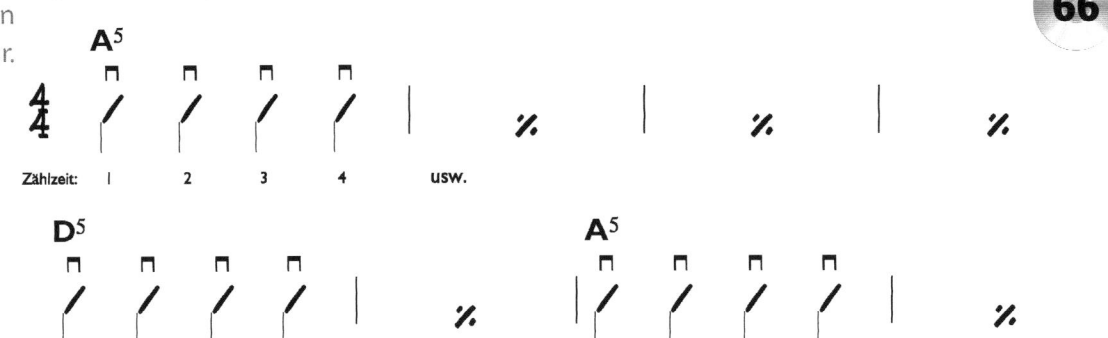

Garantiert E-Gitarre lernen

Abdämpfen mit der Schlaghand

Durch Abdämpfen bekommen wir die Kontrolle über die Dauer von Tönen und Akkorden. Du hast deshalb schon frühzeitig mit der Greifhand gelernt, wie man gegriffene Töne (▶ S. 23) und Leersaiten (▶ S. 28) abdämpft. Auch die Schlaghand kann man zum Abdämpfen nehmen. Das ist besonders praktisch bei Akkorden, bei denen Leersaiten und gegriffene Saiten zusammen vorkommen, wie z.B. bei letzteren Powerchords.

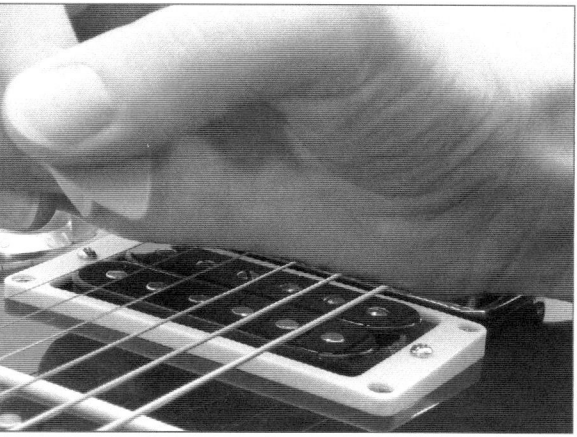

Abdämpfen mit der Schlaghand

Im Folgenden lassen wir die Saiten plötzlich verstummen, indem wir die Schlaghand auflegen. Dabei ist es grundsätzlich gleichgültig, welchen Teil der *Schlaghand* man verwendet. Hauptsache, die Saiten geben schnell Ruhe. Da wir das *Plektrum* zwischen *Daumen* und *Zeigefinger* halten, ist es vorteilhaft, die *Schlaghand* mit der *Handkante* aufzulegen (*vgl. Foto*).

Übung

Lege die *Schlaghand* mit der *Handkante* exakt zum Beginn der Pause auf die Saiten auf, sodass der Powerchord sofort völlig verstummt. Gebe die Saiten wieder rechtzeitig frei, damit du gleich nach der Pause wieder anschlagen kannst. Auf der CD sind die Teilübungen ohne Wiederholung direkt hintereinander zu hören.

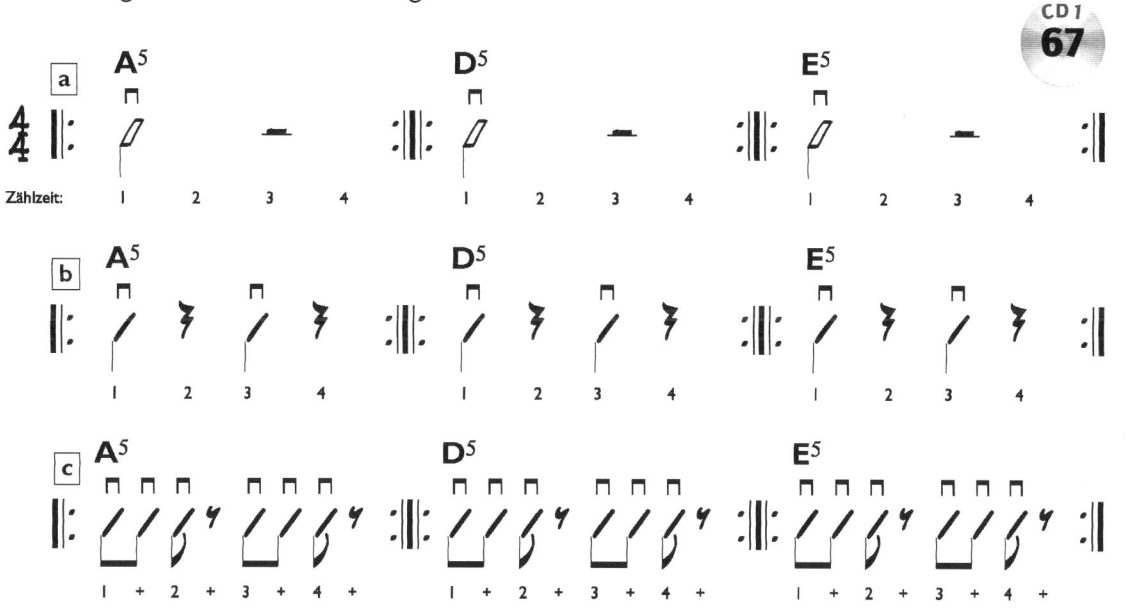

Tipp:

Halte die Schlaghand in Saitennähe, damit es nur eine kleine Handbewegung braucht, um zwischen Anschlagen und Abdämpfen zu wechseln.

4 Powerchords

Riff

Als Besonderheit setzen die Powerchords in jedem Takt auf Zählzeit „**1+**" ein. Schlage durchweg mit *Abschlägen* an und *dämpfe* für die Pausen mit der *Schlaghand* ab. Den gleichen Rhythmus (mit etwas anderen Akkorden) findest du auch in **AC/DC**'s „*Highway To Hell*" wieder.

Der Shuffle

Sexte
Sexte (lat.: der Sechste) - vom Grundton aus gezählt der sechste Ton

Wenn wir schon bei A^5, D^5 und E^5 sind, möchte ich dir auch das wohl am häufigsten anzutreffende Pattern (Muster) *bluesorientierter Rockmusik* vorstellen. Ausgehend von einem Powerchord wechseln sich *Quinte* (5) und *große Sexte* (6) ab. Die *große Sexte* befindet sich *zwei* Bünde/Halbtonschritte *höher* als die Quinte.

Der typische Rhythmus dafür ist der **Shuffle**. Die Achtel werden nicht gleichmäßig gespielt, sondern das *erste Achtel* eines Achtelpaares wird etwas *länger* ausgehalten. Dadurch kommt das *zweite Achtel verzögert* und ist *kürzer*. Das liest sich komplizierter als es ist, denn du kennst den rhythmischen Eindruck bereits seit deinen Kindertagen: Beim normalen Gehen folgen die Schritte gleichmäßig (gleichmäßige Achtel). Beim *Hopserschritt* ist der erste Schritt länger und der zweite kürzer – das zweite Bein wird schnell nachgezogen. Das ist das Prinzip des *Shuffle*.

Shuffleübung

Höre dir diese Shuffleübung zunächst auf der CD an und du wirst den „Hopserschritt" sofort erfassen.

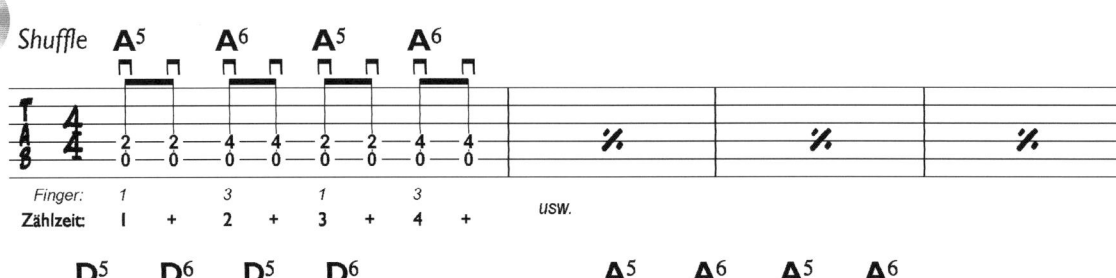

Garantiert E-Gitarre lernen

Spielwiese: Blues Rock

Nun kannst du deine Powerchord-Fähigkeiten unter Beweis stellen. Es warten auf dich: **Rock'n'Roll** *(Kapitel 3)*, **Classic Rock** *(Kapitel 7)* und deftiger **Blues Rock** *im Shuffle-Rhythmus (hier)*.

Rock'n'Roll (▸ S.45ff)

Akkorde

Über der Tabulatur sind die Akkorde angegeben: E^5, A^5 und B^5. Die Griffdiagramme dazu:

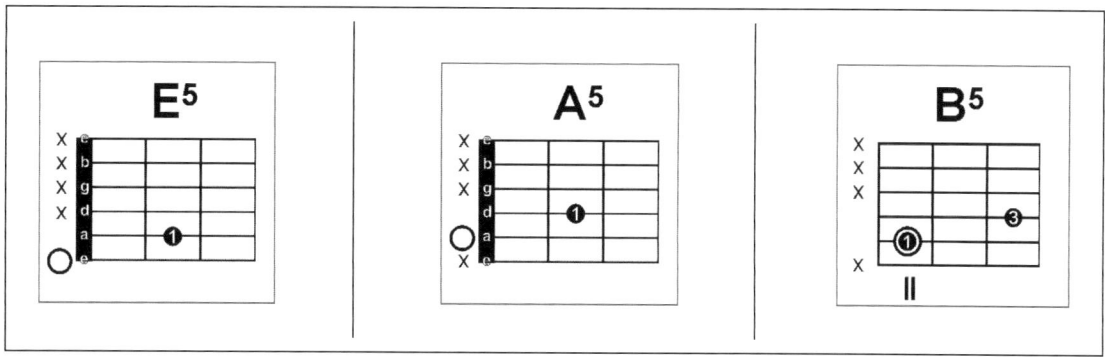

Rhythmus

Spiele durchgängig *Achtel mit Abschlag*. Bei den *Breaks* schlägst du den betreffenden Akkord *nur ein Mal* auf **Zählzeit 1** an *(vgl. CD)*.

Soundempfehlung

unverzerrt (clean) bis *leicht verzerrt (crunch)* mit ein *bisschen Hall (mehr zu Sounds* ▸ *S. 65ff)*

Classic Rock (▸ S.101/102)

Ablauf

Intro, *Überleitung* und *Strophe* werden mit *Powerchords über zwei Saiten* gespielt.

Akkorde

Die Akkorde und der Rhythmus sind auf *Seite 102* notiert.

Soundempfehlung

▸ ebenfalls *Seite 101*.

Blues Rock

Ein *rockiger Shuffle*, der geradewegs aus dem Repertoire von Blues-Rocker **Johnny Winter**, den Südstaatenrockern **ZZ Top** oder **Lynyrd Skynyrd** stammen könnte. Es werden durchgängig *zwei Saiten* angeschlagen. Jeder Takt beginnt mit einem *Powerchord mit Grundton auf einer Leersaite* (jeweils die ersten beiden Achtel). Beim A^5 folgt eine Passage mit *kleinen Barrés*, die du mit *Ring-* bzw. *Zeigefinger* greifst. Beachte das *Slide-in*. Beim D^5 und E^5 folgt jeweils eine *Variation* des Patterns, das du in diesem Kapitel kennen gelernt hast (▸ *S. 62*).

Unter **Nr. 71** auf der **CD 1** habe ich den Gitarrenpart in *langsamem Tempo* eingespielt. Das *komplette Playalong* mit Band hörst du unter **CD 1, Nr. 70**, das Playback ohne Gitarre unter **Nr. 72**.

Ablauf

Der Ablauf des Stückes ist einfach: *zwei Durchgänge* und dann der *Schluss*.

CD	
CD 1 **70**	**Vollplayback** - das komplette Stück mit Band
CD 1 **71**	**Gitarre** - der Gitarrenpart in langsameren Tempo und ohne Band.
CD 1 **72**	**Halbplayback** - Das Stück ohne die Gitarrenstimme zum Mitspielen.

Soundempfehlung

crunchy (leicht verzerrt), sehr direkt, d.h. mit *wenig Hall*, einer kleinen Prise *Chorus* und vor allem: *laut (mehr zu Sounds* ▸ *S. 65ff)*.

Also lass es krachen!

Blues Rock Shuffle

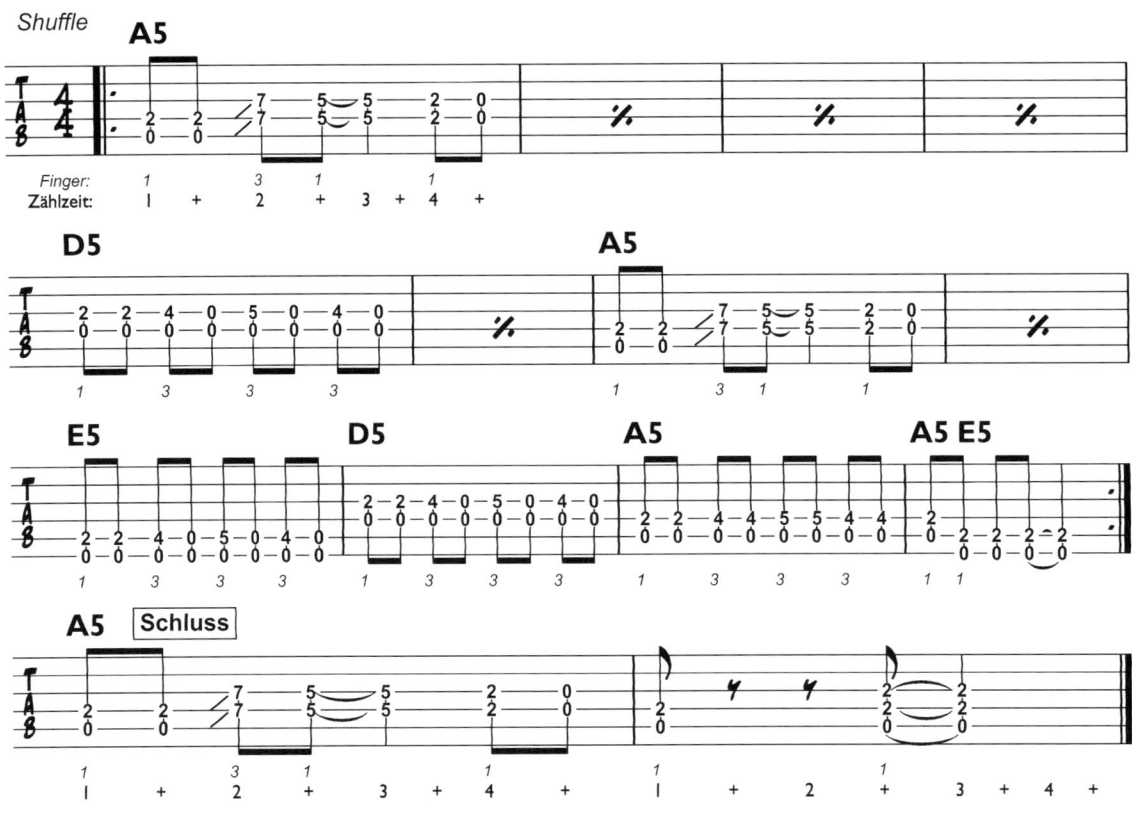

Schlage durchweg mit Abschlägen an.

5 Sound

Das lernst du:

Grundbegriffe
Soundkette
Saitenschwingung
Anschlagpositionen
Tonabnehmer
Verstärker
Effekte
Lautsprecher

5 Sound

Das englische Wort *Sound* beschreibt den ganzen Bereich hörbarer Ereignisse: *Ton, Schall, Laut, Klang*. All das, was wir hören, ist also Sound. Akustik-Gitarristen ist völlig klar: Die Hände bringen die Saiten zum Schwingen und gestalten die Töne und Klänge; der Sound entsteht durch die Hände und Finger. Ebenso verhält es sich bei einer E-Gitarre. Zwar durchläuft der Ton noch eine Reihe von Gerätschaften, in denen er verstärkt und gefärbt wird. Auch hier lässt sich Einiges bewirken, was im Folgenden ausführlicher erklärt wird. Aber diesen Teil der Soundkette solltest du nicht überbewerten. Denn was deine Finger nicht erzeugen, wird auch kein Equipment der Welt hervorzaubern können.

Kurzum: Die Qualität, die Eigenständigkeit und Persönlichkeit deines Sounds hat seinen Ursprung immer in deinen Händen!

Die Soundkette

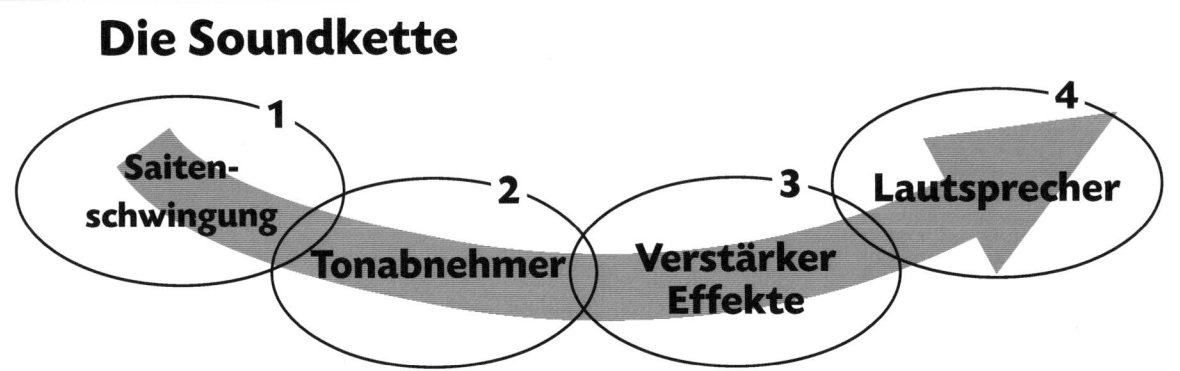

1 *Ein Ton/Klang entsteht, wenn eine Saite durch die Hände und Finger zum Schwingen gebracht wird.*
2 *Der Tonabnehmer erzeugt aus der Saitenschwingung eine kleine elektrische Spannung.*
3 *Diese wird durch Effektgeräte verändert sowie durch einen Verstärker erhöht und beeinflusst.*
4 *Am Schluss wandelt der Lautsprecher den elektrischen Strom durch die Bewegung seiner Membran in (laut) hörbaren Schall um.*

Saitenschwingung

Rahmenbedingungen der Gitarre

Es gibt Rahmenbedingungen dafür, welche Sounds wir der Gitarre entlocken können: ihre *akustische Eigenschaften*, die *Saiten* und ihre *Bespielbarkeit*.

Die **akustischen Eigenschaften** einer Gitarre sind durch die Konstruktion und die verwendeten Materialen festgelegt. Sie bestimmen das Schwingungsverhalten und damit den Charakter der Gitarre:

- *Klangfarbe* (eher hell oder dunkel),
- *Sustain* (wie lange klingen die Töne aus),
- *Ansprache* (ist der Ton schnell da wie z.B. bei einer *Telecaster/Stratocaster* oder langsamer).

Die **Saiten** beeinflussen den Grundsound der Gitarre. Je nach …

- *Material* (nickel wound – ausgewogen; pure nickel – wärmer, runder; stainless steel – brillianter, härter),
- *Typ* (z.B. beschichtet, unbeschichtet, roundwound, flatwound),
- *Stärke* (dickere Saiten klingen in der Regel fetter) und
- *Alter* (neu, gebraucht)

... ist das Schwingungsverhalten etwas anders. Experimentieren lohnt sich - auch mit verschiedenen Marken.

Die **Bespielbarkeit** entscheidet darüber, ob du der Gitarre jeden Ton mühsam abringen musst oder ob dir Spieltechniken und Spielweisen leicht von der Hand gehen. Das ist eine sehr individuelle Sache.

- Die Gitarre muss zu dir passen, besonders was das *Verhältnis Greifhand zu Halsform* und *-dicke* betrifft.
- Die *Saitenstärke* und den *Saitenabstand* solltest du nach deinen Bedürfnissen und Vorstellungen wählen.

Durch ausprobieren wirst du das Passende finden:

- Spiele die Gitarre eines Freundes;
- gehe in einen Gitarrenladen und teste verschiedene Modelle;
- verändere gegebenenfalls den Saitenabstand auf deiner Gitarre;
- ziehe auch mal dickere/dünnere Saiten auf usw.

Hände und Finger

Unsere Hände und Finger sind der Schlüssel für den Sound. Durch die bewusste Entwicklung und Verfeinerung deiner Spieltechniken, kannst du den Sound dramatisch beeinflussen.

Die grundlegenden Elemente ...

- *Anschlagstärke* (▸ S. 18) und
- *Anschlagwinkel* (▸ S. 18) hast du bereits kennen gelernt.
- Auch das *Abdämpfen* (▸ S. 23, 28 und 61) und
- die *Legatotechniken* (z.B. *Slide* ▸ S. 40, *Hammer-on* ▸ S. 114, *Pull-off* ▸ S. 115 und *Bend* ▸ S. 118)

... bestimmen den Sound.

Im folgenden Abschnitt werden wir uns mit einem weiteren Aspekt beschäftigen, nämlich der *Position des Anschlags*.

Die Position des Anschlags

Die Stelle, an der du die Saite anschlägst, wirkt sich deutlich auf den Klang aus: In Richtung *Steg* klingt es *heller, dünner und härter*, in Richtung *Hals wärmer, voller und weicher*.

Position Hals
Der Bereich, bevor das Griffbrett beginnt

Position Mitte
Der Bereich zwischen Hals und Steg

Position Hals
Der Bereich, bevor die Saiten über den Steg laufen.

Übung

Schlage die Töne an der angegebenen Position an. *Beachte*: Die *Schlaghand* befindet sich bei *Position Hals* und bei *Position Mitte* **frei schwebend** über den Saiten, wird also nur durch den Unterarm gestützt. Beim Anschlag in *Stegnähe* kann sich die Schlaghand gegebenenfalls auch *auf dem Steg abstützen* (▶ S. 17). Übertrage die Übung auch auf die anderen Saiten.

Anschlagposition

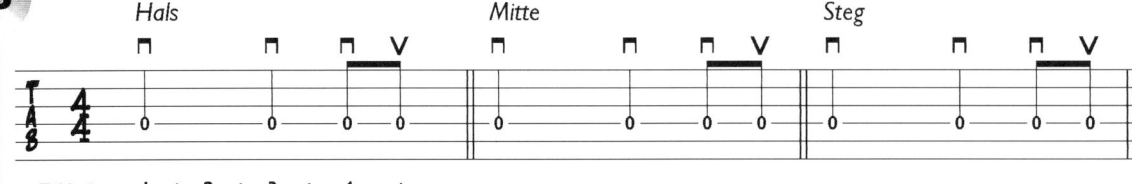

Lick

Schlage den Lick in den Positionen *Hals, Mitte* und *Steg* an und achte auf den unterschiedlichen Klangeindruck.

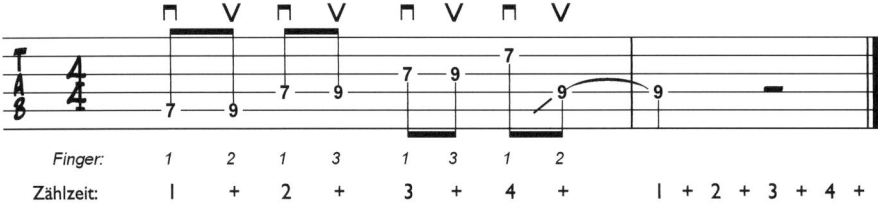

*Singlecoil - Pickup-Bestückung der legendären **Fender Stratocaster**.*

*Humbucker - Pickup-Bestückung der legendären **Gibson Les Paul**.*

Tonabnehmer

Eine E-Gitarre besitzt in der Regel *einen bis drei Tonabnehmer*. Schon die Bauweise der verwendeten Pickups prägt den Klang. So überträgt ein **Singlecoil** (*Tonabnehmer mit einer Spule*) die Saitenschwingungen eher *spritzig* und *höhenreich*, ein **Humbucker** (*Tonabnehmer mit zwei gegeneinander verschalteten Spulen zur Unterdrückung von Brummgeräuschen*) klingt dagegen *voller, wärmer* und meist auch *lauter*.

Singlecoil mit Abdeckung
klingt eher spritzig und höhenreich

Humbucker ohne Abdeckung in Befestigungsrahmen
klingt voller, wärmer, lauter

An welcher Stelle die Saitenschwingung abgenommen wird, beeinflusst ebenfalls den Sound. In *Stegnähe* klingt der gleiche Pickup *heller, höhenreicher und dünner* als in *Halsnähe*, wo er *wärmer, bassiger und voller* klingt.

Mit einem *Schalter* kannst du den **Tonabnehmer** oder eine Kombination *auswählen*.

Desweiteren gibt es Regler für die **Ausgangslautstärke** (*volume*) und auch für den **Klang** (*tone*).

Lick

Spiele den folgenden Lick ...
- mit dem *Halspickup*
- mit einer *Pickup-Kombination*
- mit dem *Stegpickup*.

Achte auf den unterschiedlichen Klangeindruck. Lasse jeden Ton solange klingen wie möglich.

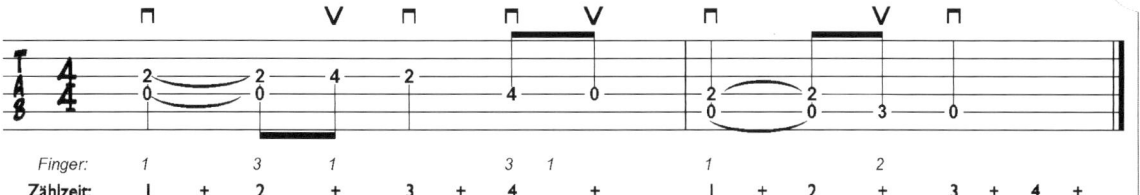

Verstärker

Die *Hauptaufgabe* des Verstärkers besteht darin, den geringen Strom, den die Pickups liefern, so stark zu erhöhen, dass ein Lautsprecher angetrieben werden kann. Dabei wird auch der Klang beeinflusst. Anhand der verwendeten Bauteile und der Art der Schaltung kann man *drei Amp-Typen* unterscheiden:

■ Röhrenverstärker

Bei einem *Röhrenverstärker* (*tube amp*) übernehmen Röhren die Arbeit. Sie liefern ein sehr *dynamisches, warmes und harmonisches Klangbild* - nach wie vor der Maßstab, an dem sich alle anderen Konzepte messen lassen müssen. So sind z.B. die berühmten Amps von **Fender**, **Marshall** und **Mesa Boogie** Röhrenverstärker.

■ Transistorverstärker

In einem *Transistorverstärker* (*solid state amp*) treten Transistoren an die Stelle der Röhren. Die Klangeigenschaften sind im Vergleich *neutraler, kälter, weniger dynamisch* und vor allem im Zerrbetrieb *nicht so weich und harmonisch*. Mittlerweile gibt es aber ein paar recht ausgefeilte Schaltungen, die auch Freunde der Röhre zufrieden stellen können.

■ Modeling Amps

Bei *Modeling Amps* werden Funktionsweise und Verhalten von Röhren- und Transistorverstärkern *digital* nachgebildet. Neben mehr oder weniger gelungenen Abbildern der bewährtesten und beliebtesten Verstärker der Ampgeschichte werden auch ganz neue Typen modelliert.

Der *wesentliche Vorteil* von Modeling Amps liegt klar auf der Hand:

Jede Menge unterschiedlicher Ampsounds plus Lautsprechersimulation und Effekte lassen sich in eine kleine Kiste packen.

Zwar ist die Qualität im unteren/mittleren Preissegment zur Zeit nicht in jedem Fall befriedigend, aber die Weiterentwicklung ist ja noch in vollem Gange.

Regelmöglichkeiten

Ein Verstärker besitzt *mehrere Regelmöglichkeiten*. Am wichtigsten sind die *Lautstärkeregler*.

Die Lautstärkeregler

- Der *Gain-Regler* legt fest, wie stark die *Vorstufe des Verstärkers* angesteuert wird. Durch Übersteuern erhält man auch bei niedriger Gesamtlautstärke einen verzerrten Sound (▶ *folgende Übung*).
- Mit *Volume* (manchmal auch *Master* genannt) stellt man die *Leistung der Endstufe* und damit die *Gesamtlautstärke* ein.

Die Klangregler

Die *Klangregler* dienen dazu, die Anteile bestimmter *Frequenzen* im Klangbild anzuheben oder abzusenken. Je nach Ausstattung sind das z.B. Regler für ...

- *Bass* (*Bassanteil*),
- *Treble* (*Höhen*),
- *Mid* (*Mitten*),
- *Presence* (*Höhenanteil für mehr Durchsichtigkeit des Sounds*).

Hat ein Röhren- oder Transistorverstärker *mehr als einen Kanal*, so kann man jeweils unterschiedliche Einstellungen vornehmen und per Fußschalter abrufen.

Verstärkerformate

Verstärker werden in verschiedenen *Formaten* angeboten.

- Der *Combo* ist bereits mit Lautsprechern ausgestattet.
- Das *Topteil* (*top = obendrauf*) enthält *nur* den Verstärker und benötigt eine *zusätzliche Lautsprecherbox*, auf die es dann gestellt wird.

Weiterhin gibt es auch ...

- *Vorstufen* und
- *Endstufen* als *getrennte Einheiten*.
- *Modeling Amps* sind als *Combo*, *Topteil* oder auch nur als *Vorstufe* zu haben.

Übung

Diese Übung wird dich mit den *drei typischen Grundsounds* eines Amps vertraut machen:

- *clean* (*klar*),
- *crunch* (*leicht angezerrt*) und
- *high gain, lead* (*stark verzerrt*).

Spiele die folgende Übung nacheinander mit *jedem* der drei Sounds. *Dämpfe* die Saiten in den Pausen mit der *Schlaghand* ab (▶ *S. 61ff*).

- *Clean*: *Stelle den Gain-Regler so ein, dass du einen völlig klaren Klang bekommst.*
- *Crunch*: *Stelle den Gain-Regler so ein, dass der Sound leicht zerrt. Der Grad der Verzerrung sollte dabei von deiner Anschlagstärke abhängen. Wenn du leicht anschlägst, sollte es noch relativ klar klingen, bei stärkerem Anschlag sollte es deutlich zerren.*
- *High Gain, Lead*: *Drehe den Gain-Regler weit auf, so dass du einen stark verzerrten Sound erhältst.*

[Notation: G5 | F5 | C5 | F5 — CD1 76]

Finger: 1/3   1 (Barré)   1/3   1 (Barré)
Zählzeit: 1 + 2 + 3 + 4 +   1 + 2 + 3 + 4 +

Effekte

Effektgeräte dienen dazu, den Klang zu verändern. Die Palette reicht von einer kleinen Klangveredelung bis hin zu völliger Verfremdung. Es gibt Effekte als …

- *Bodentreter* (*pedal*),
- in *19"* (*19 inch* = 19 Zoll) Ausführung für den Rackeinbau oder
- sie sind bereits *in den Verstärker integriert*.

Darüber hinaus machen es *Microprozessoren* möglich, eine Vielzahl von Effekten in einem Gerät zu vereinigen (sogenannte *Multi-Effektgeräte*). Das Angebot an Modellen aller Art ist riesig, weshalb ich nur die wichtigsten Effekte herausgreife.

Bodenpedale
Boss Super Chorus, Ibanez Tubescreamer, Dunlop Crybaby Wah-Wah (v. l. n. r.)

CD1 77a Der *Hall* (*reverb*) fügt dem Gitarrenklang Räumlichkeit und Tiefe hinzu, so als wenn man in einer bestimmten Umgebung spielen würde (z.B. Wohnzimmer, Halle, Kirche). Die meisten Gitarrenverstärker sind bereits mit einem Hall ausgerüstet, dessen Intensität man hinzumischen kann.

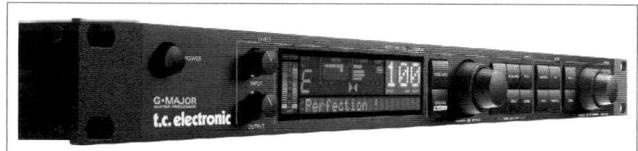

19" Multi-Effektgerät
TC-Electronic G-Major

CD1 77b Bei einem *Delay* (*Verzögerung, Echo*) wird der Ton um eine bestimmte Zeitspanne verzögert und einmal oder mehrmals wiedergegeben. Interessant wird das Ergebnis dadurch, dass man das Originalsignal (*dry* = trocken) und das bearbeitete Signal (*wet* = nass) in beliebigem Verhältnis mischen kann. Ebenso lassen sich die *Verzögerungszeit* (*delay time*) und die *Anzahl der Wiederholungen* (*feedback*) einstellen.

CD1 77c Ein *Pitch Shifter* (*pitch* = Tonhöhe, *to shift* = verschieben, schichten) fügt zu einem Ton einen weiteren Ton in einem einstellbaren Intervallabstand hinzu.

CD1 77d Ein weiterer Standardeffekt für Gitarre ist der *Chorus*. Hier wird ein kurzes Delay fortlaufend automatisch verändert. Zusammen mit dem Originalsignal entstehen *schwebende bis leicht verstimmte* Klänge. Den Chorus kann man auch verwenden, um den Sound etwas anzudicken.

CD1 77e Ein *Wah-Wah* ist ein *Bodenpedal*, bei dem man mit dem Fuß einen Filter (ähnlich wie ein Klangregler) bedient. Beim Hin- und Herbewegen entsteht das typische „Wah-Wah". Sein Platz in der Soundkette ist in der Regel vor dem Verstärker (zwischen Gitarre und Verstärker).

5 Sound

Lautsprecher

Schall ist bewegte Luft. Deshalb folgt in der Soundkette nach dem Verstärker ein **Lautsprecher** (*loudspeaker, kurz: speaker*), der die elektrischen Impulse durch die Bewegung seiner Membran an die Luft weitergibt. Der Lautsprecher wandelt also elektrische Energie in Schall um. Üblich für die E-Gitarre sind Speaker mit einen *Durchmesser von 10" und 12"* (*Zoll*), das sind etwa *25 bzw. 30 cm*.

12" Lautsprecher

Lautsprecher werden in ein Gehäuse eingebaut, was den Wirkungsgrad erheblich verbessert. Je mehr Lautsprecher in eine Box gepackt werden, desto mächtiger klingt das System. Gängig sind Boxen mit einem bis vier Lautsprechern. Lautsprecher und Boxen können je nach Marke, Bauform und Typ recht unterschiedlich klingen.

Manche Verstärker besitzen zusätzlich einen *„direct out"* mit *Lautsprecher-Simulation*. Dabei wird der Klang einer Lautsprecherbox elektronisch nachgeahmt. Diesen Ausgang kann man per Kabel direkt mit einem Mischpult oder Computer verbinden und hat so auf

4 x 12" Lautsprecherbox

einfachem Wege den kompletten Gitarrensound zum Beispiel für Aufnahmen zur Verfügung. *Modeling Amps* gehen noch einen Schritt weiter. Sie präsentieren virtuell eine ganze Armada unterschiedlicher Lautsprecherboxen, die man mit den modellierten Amps beliebig kombinieren kann.

Spielwiese

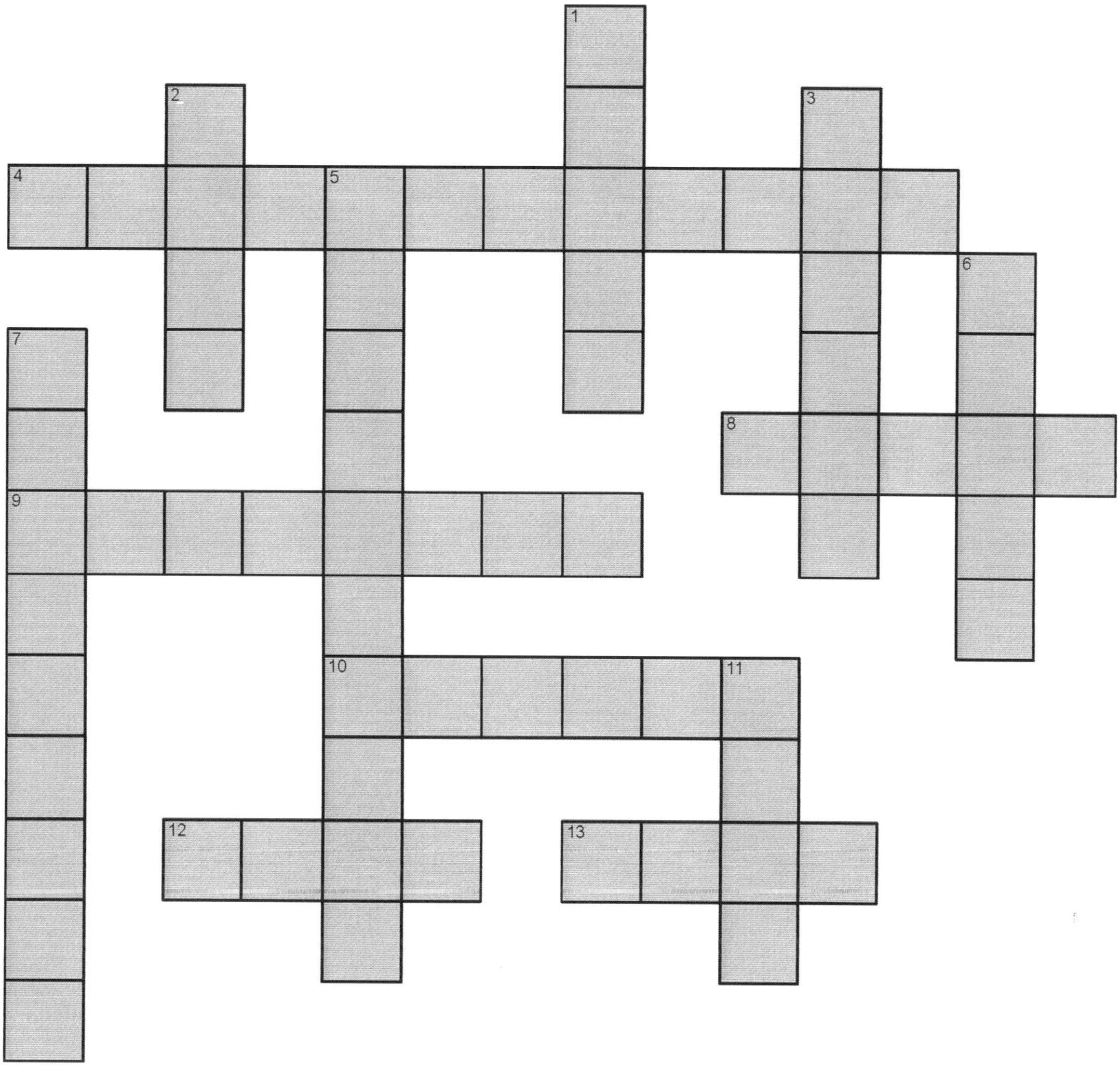

Senkrecht

1. unverzerrt, klar

2. Röhre

3. in Richtung Steg klingt es

5. Tonabnehmer mit einer Spule

6. Sound

7. Pickup, der Brummen unterdrückt

11. Reverb

Waagerecht

4. Speaker

8. Verzögerung, Echo

9. digitale Nachbildung

10. leicht angezerrt

12. Regler für die Vorstufe eines Amps

13. engl./amerikan. Maßeinheit

6 Spieltechniken III

Das lernst du:

Grundbegriffe
Timing
Ganze Note
Ganze Pause
Sechzehntelnote
Sechzehntelpause
Staccato

Techniken
Koordination
Mute
Palm Mute

Style
Funk

6 Spieltechniken III
Koordination von Greifhand und Schlaghand

Koordination

Koordination bzw. koordinieren (lat.): = etwas aufeinander abstimmen

Unsere Hände und Finger stehen ganz am Anfang der Soundkette (▶ S. 66). Schlägt man an und die Saite ist noch nicht vollständig heruntergedrückt, so klingt der Ton abgedämpft oder sogar „verunglückt" - es klirrt und scheppert. Um einen klaren, eindeutigen Ton zu erhalten, schlägt die rechte Hand erst dann an, wenn die Saite von der linken Hand bereits gegriffen ist (frühestens im selben Moment). Dieses genau abgestimmte Zusammenspiel von Schlag- und Greifhand prägt den Klang des Tones und ist zudem Voraussetzung für das Timing (▶ S. 78).

Hinweise zu den Übungen

Mit den folgenden Übungen kannst du die Koordination von Schlag- und Greifhand verbessern. Achte besonders darauf, dass alle Töne gleichartig, gleichlaut und gleichlang klingen. Verringere nach und nach überflüssige Bewegungen sowie den Krafteinsatz.

Greifhand: Bewege nur den Finger, der dran ist; greife so leicht, wie gerade nötig.
Schlaghand: Mache möglichst kleine Bewegungen; schlage nur leicht bis mittelstark an.

Beginne in einem *sehr langsamen* Tempo!

Koordinationsübung 1

Spiele die Übung mehrfach im Kreis. Übertrage sie auch auf die übrigen Saiten und in andere Lagen (z.B. 1., 9., 12. Bund). Beachte die obigen Hinweise.

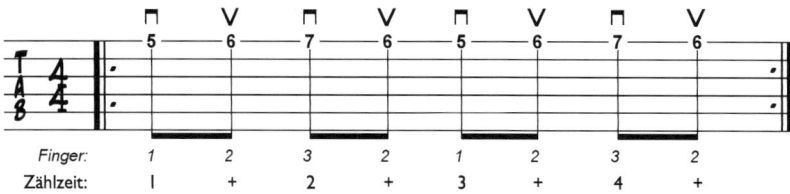

Koordinationsübung 2

Beachte die obigen Hinweise.

CD 2 / 01

Führe die Übung zunächst sehr langsam aus und achte auf möglichst ökonomische Bewegungen deiner Schlag- und Greifhand!

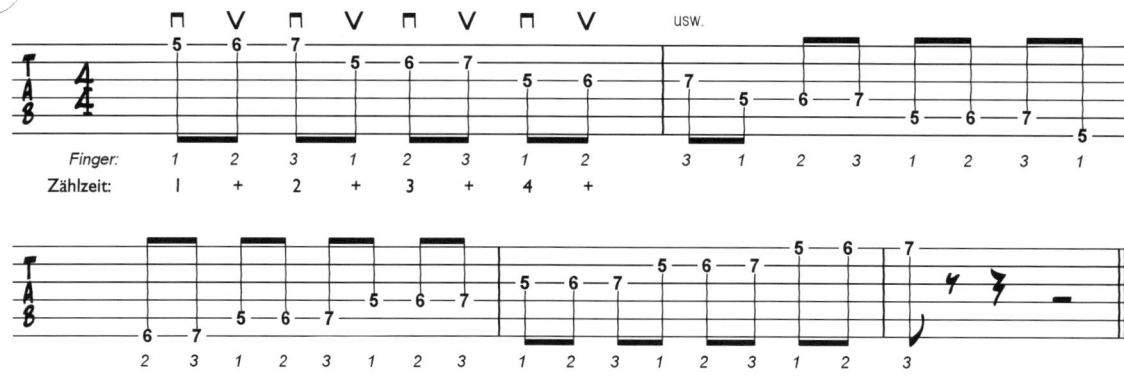

Koordinationsübung 3

Auch der kleine Finger ❹ soll nicht vernachlässigt werden.

Ausgangsstellung: Alle vier Finger greifen wie auf dem Foto. Lasse jeden Finger locker gegriffen in seiner Position, bis der Ton an die Reihe kommt.

Umkehrung: Setze die Finger vom Zeigefinger aus nacheinander wieder auf.

Spiele die Übungen mehrfach im Kreis. Übertrage sie auf die übrigen Saiten und in andere Lagen. Beachte die obigen Hinweise.

Ausgangsstellung

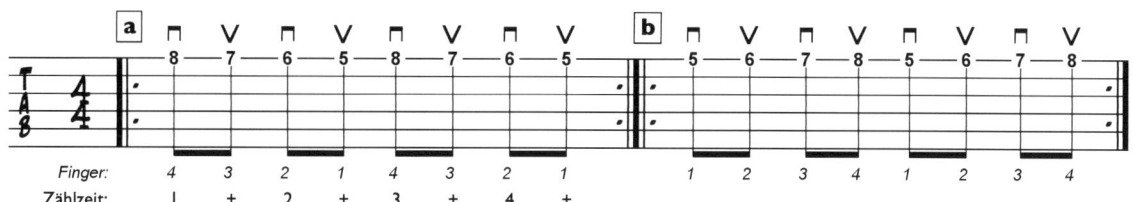

Koordinationsübung 4

Gehe beim Greifen vor wie in Übung 3. Achte beim Übergang von einer Saite zur nächsten darauf, dass der letzte Ton nicht zu früh verstummt. Beginne *sehr langsam*!

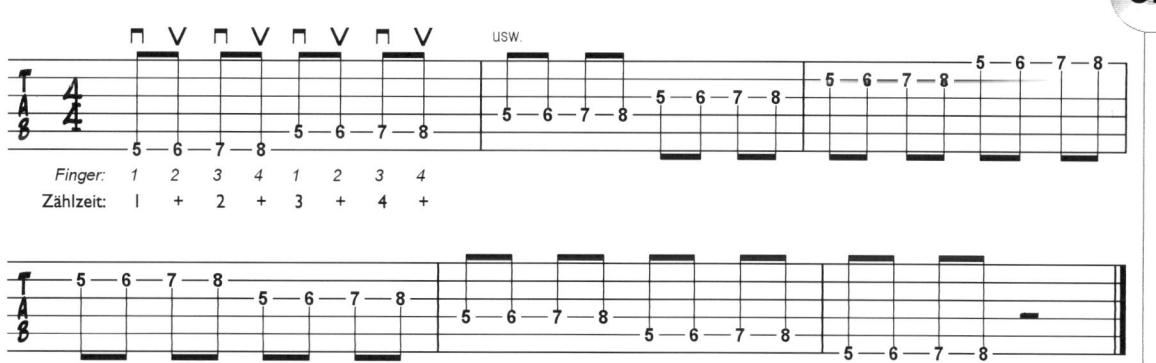

Koordinationsübung 5

Auch beim Wechsel zwischen Leersaite und gegriffener Saite wird deutlich, ob Schlaghand und Greifhand gut zusammen arbeiten. Übertrage die Übung auch auf die anderen Saiten und in andere Lagen.

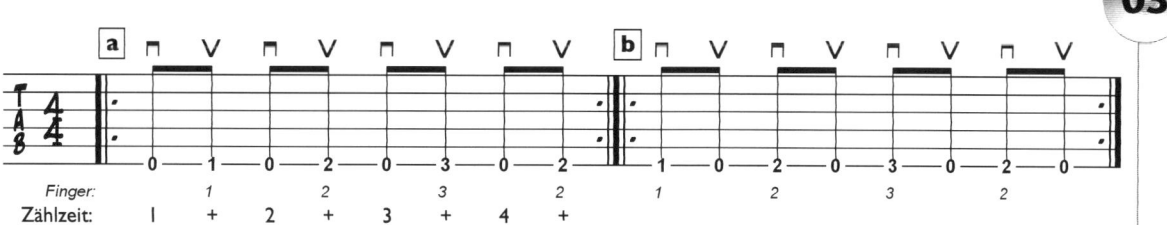

Timing

Timing
Zeiteinteilung, Gefühl für den richtigen Zeitpunkt, Zeit- und Rhythmusgefühl

Beat
(engl.): Schlag; in der Musik: Bezeichnung für den gleichmäßigen Puls (Hauptzählzeiten)

bpm
beats per minute (engl.) = Schläge pro Minute; Maßeinheit für die Geschwindigkeit eines Musikstückes und zum Einstellen von Metronom und Drumcomputer

Timing

Eine der einflussreichsten Wurzeln der Rock- und Popmusik geht bis auf die schwarzafrikanische Musikkultur zurück, die durch die Sklaven nach Nordamerika gebracht worden war. Vermischt mit europäischer Musik gab das den Nährboden ab, auf dem sich im 20. Jahrhundert die Entwicklung u.a. von *Jazz*, *Rock n' Roll* und *Rockmusik* vollzog. Ein Haupterbe ist der durchgängige, gleichmäßige **Beat** (Schlag, Puls). Dieser Puls bringt unseren Fuß zum Mittippen, unseren Körper zum Mitwippen und zum Tanzen und ist Grundlage für das **Timing**. Willst du eine Akkordbegleitung, einen Riff oder einen Lick zum *Grooven* bringen, brauchst du ein klares Gespür für den Beat. In den folgenden Übungen wirst du lernen, mit dem Beat umzugehen.

Hinweise zu den Übungen

- Spiele jede Übung mehrfach im Kreis mit einem festen Ton (z.B. g-Saite am fünften Bund gegriffen mit dem *Zeigefinger*).
- Benutze ein Metronom oder einen Drumcomputer (mit kurzem Klick). Das *Metronom* bzw. der *Drumcomputer* schlägt die Beats (= Hauptzählzeiten). Gitarrenton und Klick sollten in etwa gleichlaut sein. Du spielst dann genau auf dem Beat, wenn du den Klick nicht mehr hörst, d.h. der Gitarrenton verdeckt den Klick im richtigen Moment. Beginne in einem mittleren Tempo (z.B. 70 bpm). Wähle später auch andere Tempi (schneller ebenso wie langsamer).
- Für die Pausen: Lasse den Druck des greifenden Fingers nach, sodass die Saite genau zum richtigen Zeitpunkt verstummt (▶ S. 23).

Timingübung 1 (z.B. g-Saite, 5. Bund mit Zeigefinger)

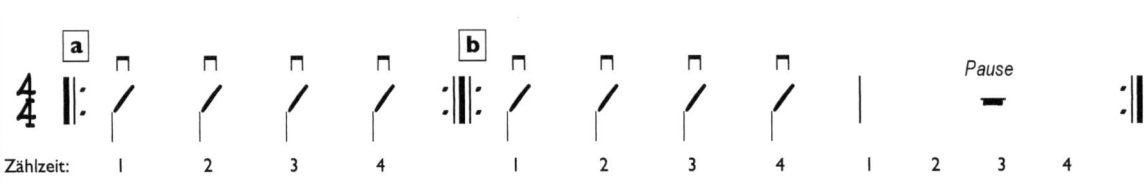

Timingübung 2 (z.B. g-Saite, 5. Bund mit Zeigefinger)

CD 2 — 04

Timingübung 3 (z.B. g-Saite, 5. Bund mit Zeigefinger)

CD 2 — 05

Wie die *Übung 2d*, aber statt viermal klickt das *Metronom* nur *zweimal* pro Takt. Wähle als Tempo **40 bpm** und fasse die Klicks des Metronoms als Zählzeit 1 und 3 auf. Spiele jetzt exakt zwischen die Zählzeiten 1 und 3 auf die (gedachten) Zählzeiten 2 und 4.

Timingübung 4 (z.B. g-Saite, 5. Bund mit Zeigefinger)

Schlage im Wechselschlag an, wobei die Schlaghand *gleichmäßig* durchläuft.

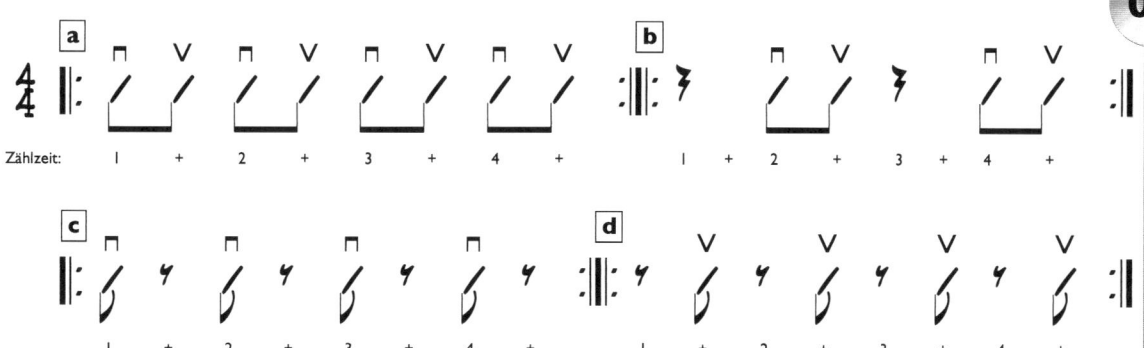

Weitere Notenwerte
Ganze Note und Ganze Pause

Die **Ganze Note** besitzt **keinen Hals**	Die **Ganze Pause** hat die gleiche Dauer wie *vier Viertelpausen*.
o	
In der **Tabulatur** steht also nur eine **Zahl** (der Notenkopf).	
0	

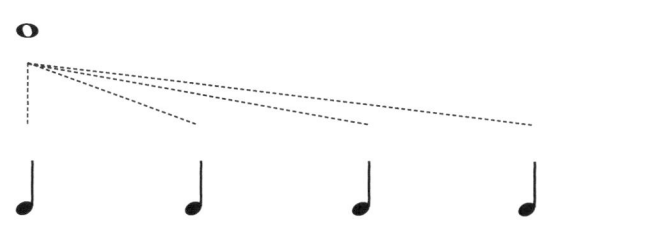

Die *Ganze Note* hat die gleiche Dauer wie *vier Viertelnoten*.

Ganze Note Übung

Für die Pause: Lasse den Druck des Fingers der Greifhand nach, dass die Saite zum richtigen Zeitpunkt verstummt (▶ S. 23).

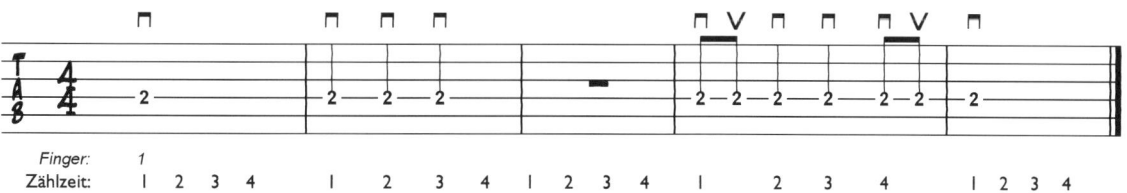

Riff mit Ganzer Note

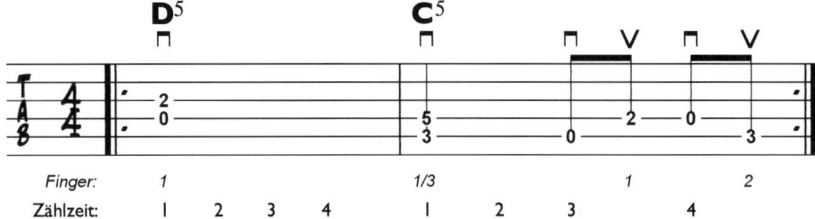

Sechzehntelnote und Sechzehntelpause

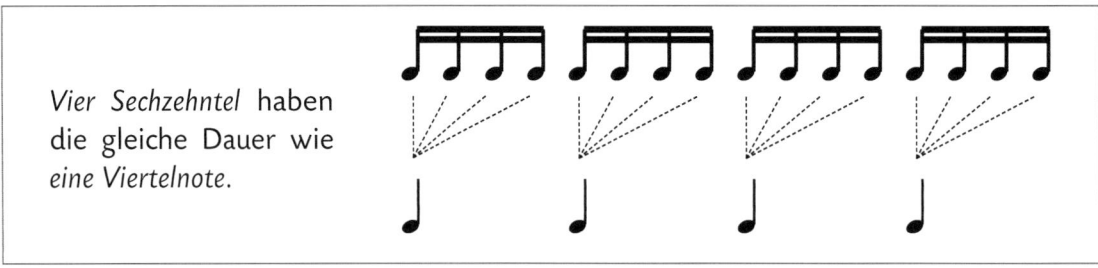

Vier Sechzehntel haben die gleiche Dauer wie *eine Viertelnote.*

Das Zählen von Sechzehntelnoten

Sechzehntel, die zwischen Beat (1, 2, 3, 4) und „+" liegen, werden mit „e" gezählt.

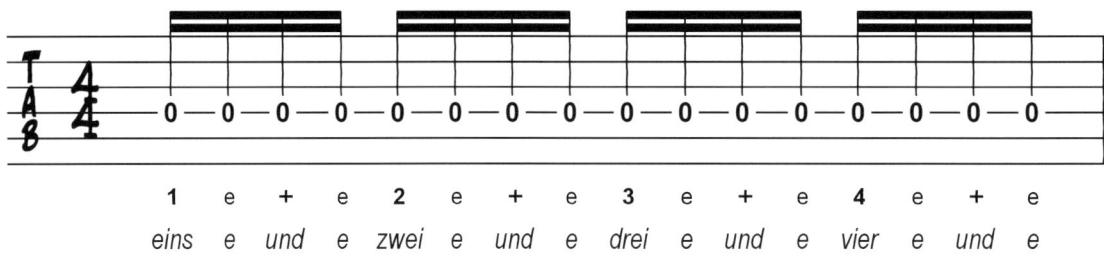

Sechzehntelübung

Die Schlaghand läuft stets im Wechselschlag durch. Pausen in d: Lasse den Greifdruck nach, sodass die Saite verstummt (▸ S. 23).

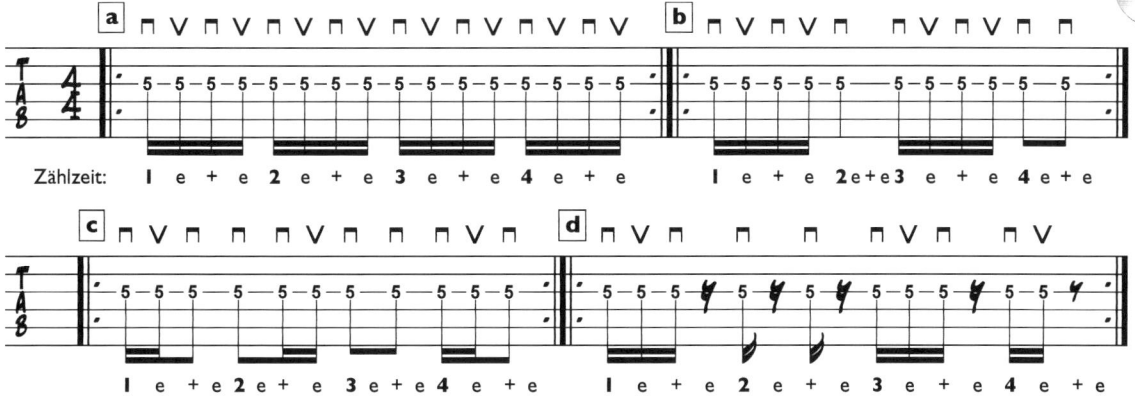

Sechzehntel Lick 1

Die Schlaghand läuft im Wechselschlag durch. Beginne *langsam* und bringe die Licks schrittweise auf Tempo. Beachte die *Slides* in **b**.

Sechzehntel Lick 2 im Stile von Carlos Santana

Dieser Lick macht einen spektakulären Eindruck (in ähnlicher Weise z.B. auch bei *Carlos Santana*). Doch das Prinzip ist einfach. Verwende zum Greifen durchgängig den Zeigefinger und rutsche Bund für Bund nach unten. Schlage *gleichmäßig* und möglichst *leicht* an! Beginne *langsam* und steigere dein Tempo nach und nach. **Ziel:** so schnell wie möglich.

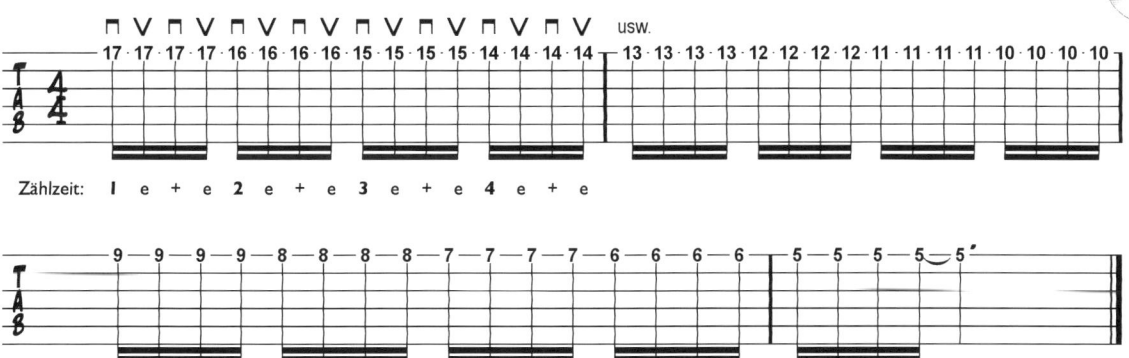

Du wirst diesem Lick in der *Spielweise* von *Kapitel 9* wieder begegnen, wo er den Abschluss des Solos bildet.

Funky Lick

Wir bauen diesen funky Lick schrittweise auf. Deine Schlaghand bewegt sich *durchgängig* im Sechzehntel-Wechselschlag. Picke die Töne heraus, die angeschlagen werden sollen. Ansonsten läuft die Schlaghand leer durch, d.h. ohne die Saiten zu berühren. Wir werden diesen Lick auch in der *Spielwiese* dieses Kapitel einsetzen.

Für die Pausen: Lasse den Greifdruck jeweils nach dem zweiten Sechzehntel plötzlich nach, sodass die Saite verstummt. Auf der CD klickt das Metronom zur besseren Orientierung auch leise die „+" mit.

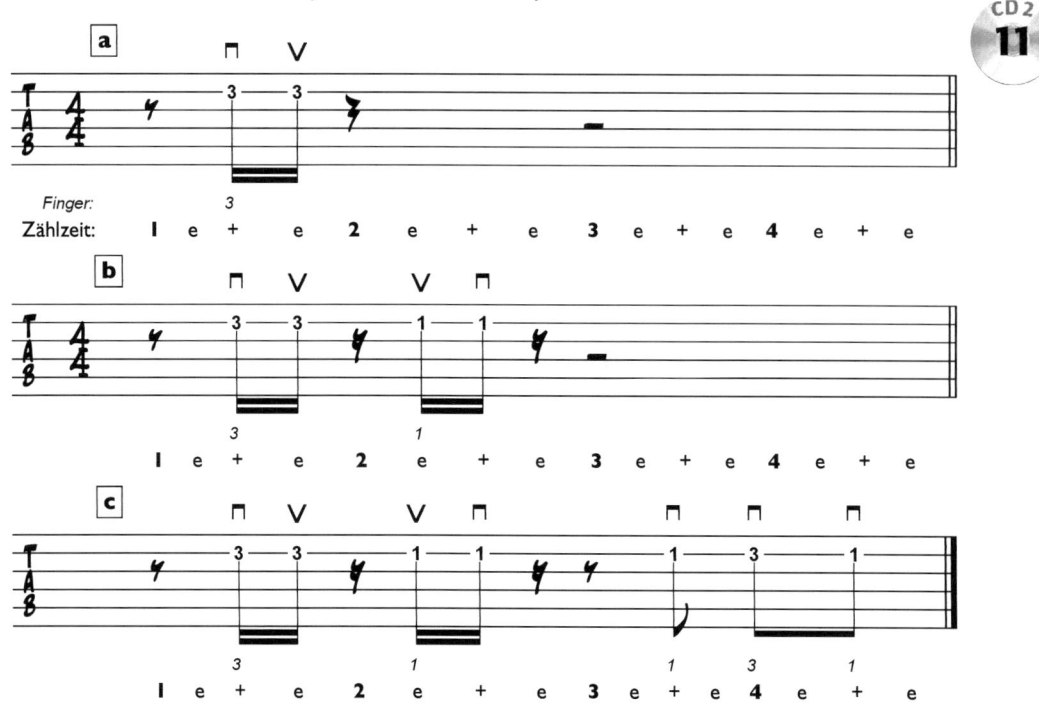

Spielen auf abgedämpften Saiten

mute

engl. = stummschalten, abdämpfen; beim Gitarrenspiel: das Abdämpfen der Saiten

Bislang haben wir mit der *Greifhand* (▸ S. 23, S. 28) oder auch mit der *Schlaghand* (▸ S. 61) abgedämpft, um Saiten für eine *Pause* völlig verstummen zu lassen.

Das Abdämpfen bietet aber noch *andere Möglichkeiten*. Mit abgedämpften Saiten lassen sich interessante Klänge erzeugen:

- Bei einer nur *leicht abgedämpften Saite* ist der Originalton noch deutlich zu erkennen, er klingt aber verkürzt.
- Bei einer *völlig abgedämpften Saite* ist der Originalton kaum noch auszumachen und er klingt sehr kurz und perkussiv.

In der Notation wird das Spielen auf abgedämpften Saiten mit **mute** (*abdämpfen, stummschalten*) bezeichnet.

Mit der Greifhand abgedämpfte Saiten
Mute Übung

Greife die Töne mit etwas weniger Druck als sie zum normalen Klingen benötigen.

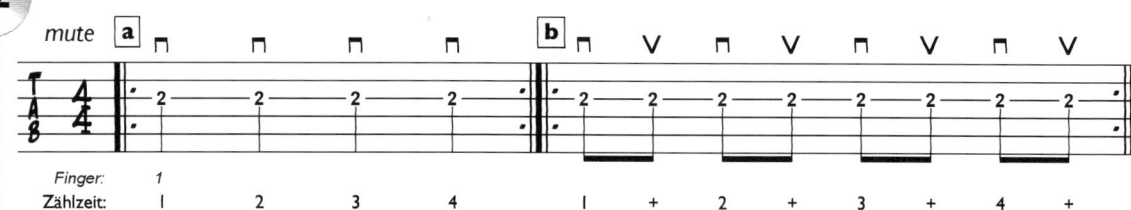

Mute Lick

Spiele die zwei mute-Passagen mit *leicht abgedämpften* Saiten.

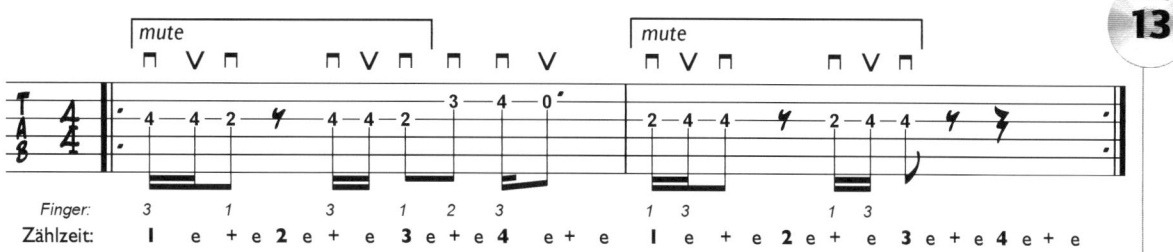

Mit der Schlaghand abgedämpfte Saiten - Palm mute

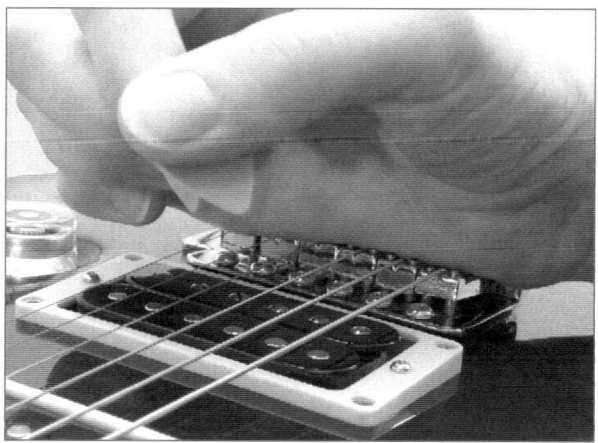

Palm mute: Abdämpfen mit der Handkante

Sollen Saiten mit der *Schlaghand* am freien Schwingen gehindert werden, wird das mit **palm mute** (*palm* = *Handfläche*) bezeichnet. Wie im Foto zu sehen, liegt die Schlaghand mit der *Handkante* beim Steg auf den Saiten auf. Je nach Handhaltung kann es auch mehr die Handinnenfläche sein. Das *Plektrum* befindet sich wie gewohnt zwischen *Daumen* und *Zeigefinger*.

Beachte: Leichte und völlige Dämpfung liegen eng beieinander; bereits kurz vor dem Steg sind die Saiten völlig abgedämpft!

palm mute

palm (engl.) = Handfläche; beim Gitarrenspiel: das Abdämpfen der Saiten mit dem Handballen/Handinnenfläche

Palm mute Übung

Lege die Schlaghand mit der Handkante am Steg *leicht* auf die Saiten (*siehe Foto*). Schiebe sie gegebenenfalls minimal in Richtung *Hals* bis an den Punkt, an dem die Saiten etwas abgedämpft sind. Spiele die Übung in dieser Position.

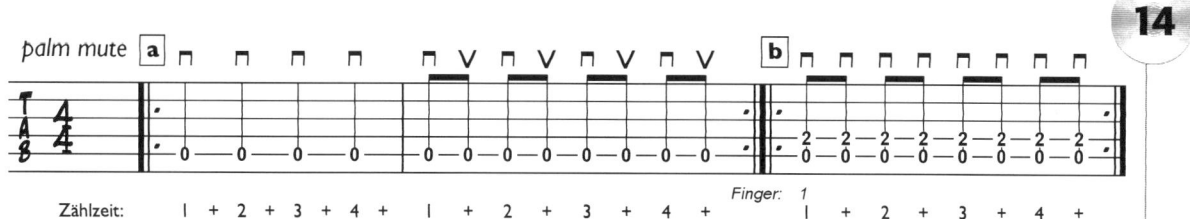

Palm mute Lick

Spiele den Lick mehrfach *im Kreis*. Dämpfe die Saiten dabei mit der Schlaghand *leicht* ab. Dieser Lick ist auch Teil der *Spielwiese* dieses Kapitels.

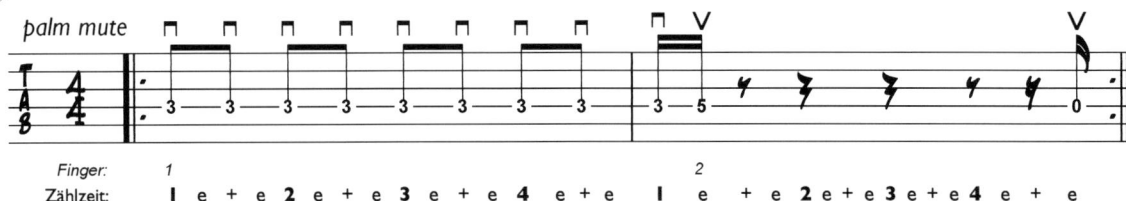

Palm mute Riff 1

Zähle laut mit und spiele den Riff auf leicht abgedämpften Saiten.

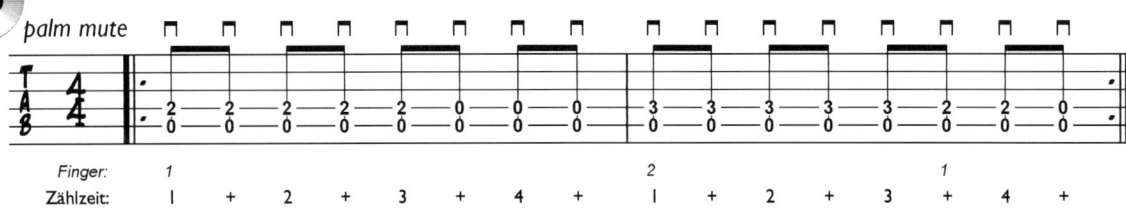

Palm mute Riff 2

Zähle laut mit und spiele den Riff auf leicht abgedämpften Saiten.

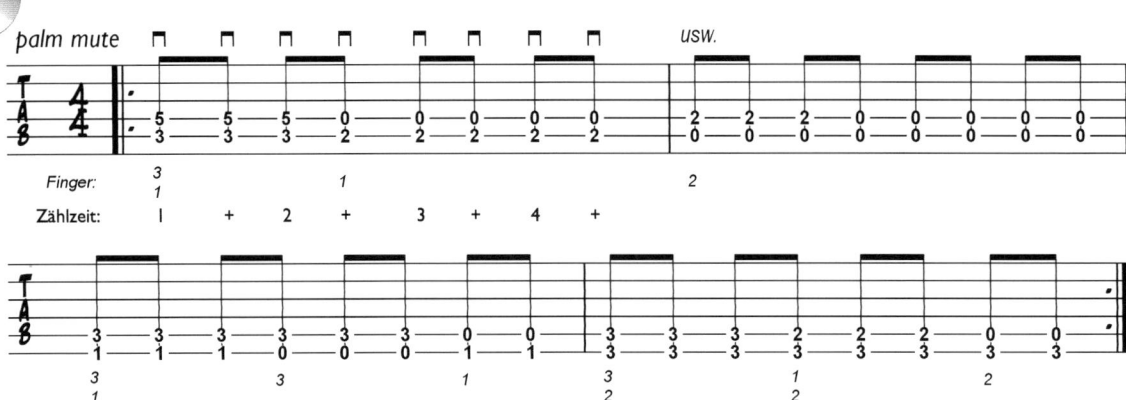

Palm mute Riff 3

Ein Metal-Riff mit *Powerchords* über drei leicht abgedämpfte Saiten. Diesen Riff verwenden wir auch in der *Spielwiese* von *Kapitel 8* (▸ S. 111). Zähle beim Einüben laut mit.

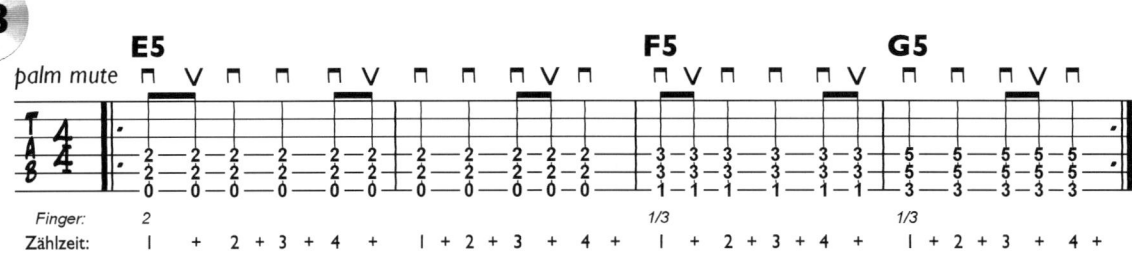

Spielwiese: Funk

Auch James Brown hätte seine Freude am folgenden Stück. Funk-typisch sind die hypnotischen Riffs und Licks der Gitarren.

Ablauf

Die Tabelle zeigt *einen Durchgang*. Insgesamt werden *zwei Durchgänge* gespielt. Das Stück endet mit dem letzten Takt in **Teil D**.

TEIL	GITARRE 1 spielt ...	GITARRE 2 spielt ...
A	a	
B	b	b
C	c	c (= b)
D	d	d

CD

CD 2 **19**	**Vollplayback**	das komplette Stück mit Band
CD 2 **20**	**Gitarre 1**	alleine und langsamer
CD 2 **21**	**Halbplayback 1**	Das Stück ohne Gitarre 1 zum Mitspielen.
CD 2 **22**	**Gitarre 2**	alleine und langsamer
CD 2 **23**	**Halbplayback 2**	Das Stück ohne Gitarre 2 zum Mitspielen.

Gitarre 1

Die **Parts a**, **b** und **c** werden mit *etwas abgedämpften Saiten* gespielt (*palm mute*).

Lick a (▶ S. 84) und **Lick c** (▶ S. 82) hast du bereits kennen gelernt. Alle Licks von Gitarre 1 sind auch langsam und ohne Bandbegleitung auf der CD Track Nr. 20 zu hören. Im *letzten Takt* von **d** verdeutlichen die Sechzehntel mit nachfolgender Sechzehntelpause, dass die Töne hier nur kurz klingen sollen. Der Fachbegriff dafür lautet *staccato*. Dämpfe also gleich nach jedem Anschlag wieder ab, indem du den Greifdruck plötzlich nachlässt.

> **staccato**
> ital. = abgehackt; musikalischer Fachbegriff für einen kurz klingenden Ton

Gitarre 1

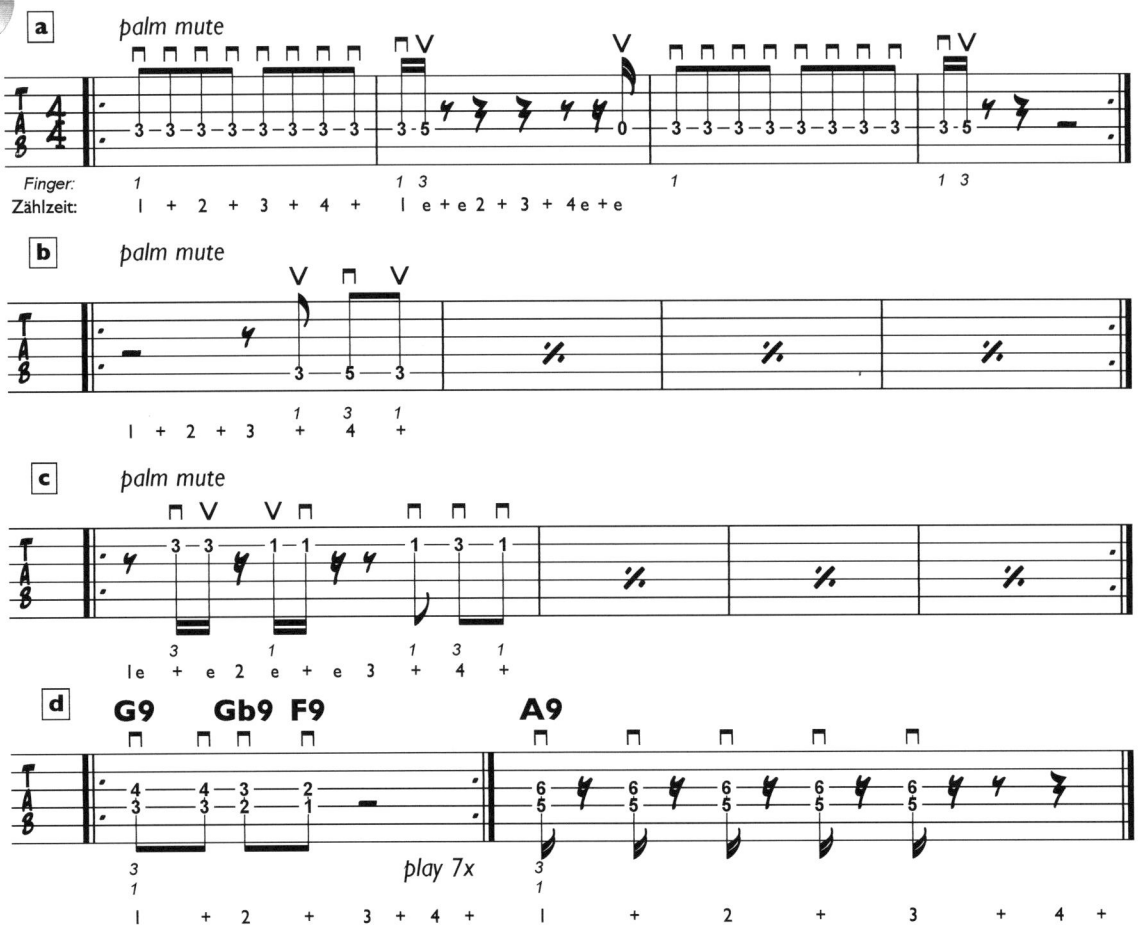

Gitarre 2

Zuerst kann sich *Gitarre 2* ausruhen. Los geht's mit **Part b**! *Gitarre 2* spielt eine Auswahl der Töne der zugrunde liegenden Akkorde. Sie werden jeweils mit dem *Zeigefinger* bzw. *Ringfinger* als *Barré* (▶ S. 42) gegriffen. Diese Begleitung läuft auch im nächsten Teil weiter (**c** = **b**). *Gitarre 2* spielt wie *Gitarre 1* den *letzten Takt* in **d** *staccato*. Dämpfe also gleich nach jedem Anschlag wieder ab (verdeutlicht durch die Sechzehntelnoten mit nachfolgenden Sechzehntelpausen). *Gitarre 2* ist auch langsam und ohne Bandbegleitung auf *CD Track Nr. 22* zu hören.

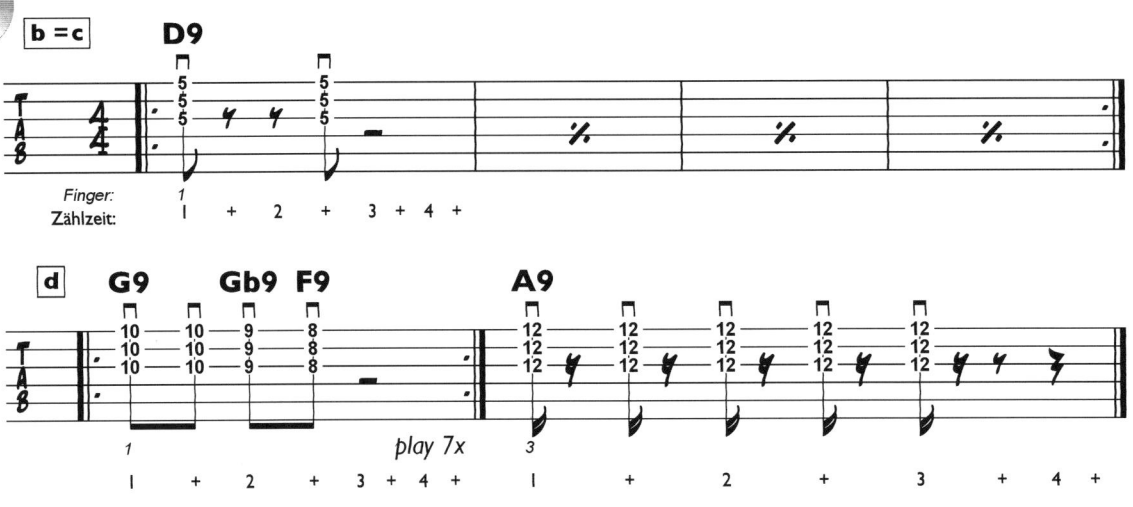

7 Akkorde

Das lernst du:

Grundbegriffe
Akkordaufbau
Intervalle
Akkordsymbol
Dur Akkorde
Moll Akkorde
Punktierte Noten
Voicings

Techniken
Akkordwechsel
Verschieben von Akkordgriffen

Style
Classic Rock

7 Akkorde

Akkord

Zusammenklang von mindestens *drei* verschiedenen Tönen

Auf der Gitarre gibt es viele Möglichkeiten, Akkorde zu greifen und zu spielen. Zunächst werde ich dir die grundlegenden Begriffe und Zusammenhänge erklären. Sodann wirst du die wichtigsten Akkordgriffe spielen lernen.

Der Aufbau von Akkorden

Klingen mindestens *drei verschiedene Töne* zusammen, nennt man diesen Klang einen *Akkord*. Je nach Anzahl der Töne wird der Akkord auch als *Dreiklang*, *Vierklang*, *Fünfklang* usw. bezeichnet. Übertragen auf die Gitarre bedeutet das:

Für einen Akkord musst du drei oder mehr Saiten gleichzeitig anschlagen.

Doch ganz so streng handhaben wir diese Definition nicht. Bereits bei den *Powerchords* (▸ *S. 49ff*) hast du kennen gelernt, dass nur zwei verschiedene Töne beteiligt sein können – Grundton und Quinte – also ein *Zweiklang*), und trotzdem wird von Akkorden gesprochen. Der Grund dafür ist schlicht der, dass Powerchords wie Akkorde verwendet werden. Powerchords sind also ein Sonderfall.

Die Intervalle

Intervall

Abstand zwischen zwei Tönen

Der Aufbau von Akkorden folgt einer einfachen Regel. Ausgangspunkt ist immer der *Grundton* (*erster Ton*). Er gibt dem Akkord seinen Namen, geschrieben als *Großbuchstabe*.

Beispiel: Grundton c – Akkordname C.

Alle weiteren Töne des Akkordes werden mit dem *Intervall* (*lat. = Abstand, Zwischenraum*) benannt, das sie zum Grundton bilden.

Die Größe eines Intervalls wird in so genannten *Halbtonschritten* gemessen. Ein Halbtonschritt ist in unserer westlichen Musikkultur der kleinste Abstand zwischen zwei verschiedenen Tönen. Die Gitarre ist genau darauf eingerichtet: von einem Bund zum nächsten beträgt der Abstand stets einen Halbtonschritt.

* Die Intervallbezeichnungen stammen aus dem Lateinischen, abgeleitet von Primus = der Erste, Sekundus = der Zweite, Tertius = der Dritte bis Octavus = der Achte. Sie geben ursprünglich die Position eines Tones in einer siebenstufigen Tonleiter an. Deshalb gibt es innerhalb von zwölf Halbtonschritten (= eine Oktave) auch nur sieben verschiedene Namen für die Intervalle. Um aber alle Abstände eindeutig benennen zu können, werden Zusätze wie groß, klein, vermindert usw. verwendet. Bei den Intervallziffern übernehmen diese Aufgabe die Zeichen b („be") und # („Kreuz"). Ein b macht das Intervall einen Halbtonschritt kleiner, ein # einen Halbtonschritt größer. Der Sonderfall maj7 bezeichnet die große Septime.

Abstand in Halbtonschritten (Bünde)	Bezeichnung in Worten*	Bezeichnung in Intervallziffern
0	Prime	1
1	kleine Sekunde	b2 ("be zwei")
2	große Sekunde	2
3	kleine Terz	b3
4	große Terz	3
5	(reine) Quarte	4
6	verminderte Quinte	b5
7	(reine) Quinte	5
8	kleine Sexte	b6
9	große Sexte	6
10	kleine Septime	b7
11	große Septime	7
12	Oktave	8 (= 1)

Die *Oktave* (8) entspricht dem Ausgangston (1), nur eben *12 Halbtonschritte höher*. Ab hier wiederholt sich das Ganze in der höheren Lage.

Die *Terz* hat in unserer Musikkultur eine besondere Stellung:
> Die *große Terz* (3) sorgt für den *Dur-Eindruck* - hell, positiv,
> die *kleine Terz* (b3) für den *Moll-Eindruck* - dunkel, tiefsinnig.

Die Akkordsymbole

Für den Akkordnamen bzw. das Akkordsymbol gelten folgende Vereinbarungen:

Dur-Dreiklänge

Ein *Großbuchstabe* allein meint einen *Dur-Dreiklang* mit dem Aufbau:

    1 - 3 - 5 (Grundton - große Terz - Quinte)

Beispiel: C = C-Dur Dreiklang.

Handelt es sich um einen anderen Akkordaufbau, werden die Änderungen oder zusätzlichen Töne angegeben.

Moll-Dreiklänge

Mollakkorde (b3 - kleine Terz) führen ein „m" in ihrem Symbol.

    1 - b3 - 5 (Grundton - kleine Terz - Quinte)

Beispiel: Am = A-Moll Dreiklang.

Vierklänge

Einen *Vierklang* erkennst du daran, dass dem Akkordsymbol der vierte Ton als *Intervallziffer* angefügt ist.

Beispiel: G6 = G-Dur mit großer Sexte   Am7 = A-Moll mit kleiner Septime.

Übersicht

Akkordsymbol	*gesprochen*	Aufbau in Intervallziffern	Beschreibung
Zweiklänge			
C5	*C fünf*	1 - 5	Powerchord
F5	*F fünf*	1 - 5	Powerchord
Dreiklänge			
C	*C-Dur*	1 - 3 - 5	Dur-Dreiklang
Am	*A-Moll*	1 - **b3** - 5	**Moll**-Dreiklang
Vierklänge			
C7	*C sieben*	1 - 3 - 5 - 7	Dur-Vierklang mit kleiner Septime
Dmaj7	*D major sieben*	1 - 3 - 5 - maj7	Dur-Vierklang mit großer Septime
G6	*G sechs*	1 - 3 - 5 - 6	Dur-Vierklang mit großer Sexte
Am7	*A-Moll sieben*	1 - b3 - 5 - 7	Moll-Vierklang mit kleiner Septime

7 Akkorde

Die fünf Basis-Akkordgriffe: C, A, G, E, D

Die fünf Basis-Akkordgriffe haben etliche Gemeinsamkeiten: Sie sind allesamt *Dur-Dreiklänge*, werden mit *drei Fingern* gegriffen und liegen innerhalb der *ersten drei Bünde*. Weiterhin klingt mindestens eine *Leersaite* mit und mancher Akkordton kommt *mehrfach* vor. Sie werden *Basis-Akkordgriffe* genannt, weil von ihnen alle anderen Akkordgriffe abgeleitet werden können. Du kannst dir die fünf Namen über eine Eselsbrücke leicht merken:

CAGED - *englisch gesprochen „käidschd".*

Allgemeine Hinweise zum Einüben der Akkordgriffe

Besonders bei den Akkorden wirst du es merken: Unsere Hände sind von Natur aus nicht dazu geschaffen, Gitarre zu spielen. Es wird also einige Zeit dauern, bis du die Akkordgriffe beherrschst. Am Anfang kann es *klirren* und *schnarren*; lass dich dadurch aber nicht stören. Gehe geduldig vor! Übe *langsam* und gönne deinen Händen Pausen. Wiederhole die Übungen *regelmäßig*. Mit der Zeit werden deine Finger die nötige Beweglichkeit, Kraft und Ausdauer bekommen.

Der D Akkord

*Foto und Diagramm zeigen, wie der betreffende Akkord gegriffen wird und welche Saiten/Töne beteiligt sind. Der **Grundton** ist durch einen größeren Kreis gekennzeichnet. Rechts neben dem Griffdiagramm habe ich zusätzlich die **Intervallziffern** der Töne notiert.*

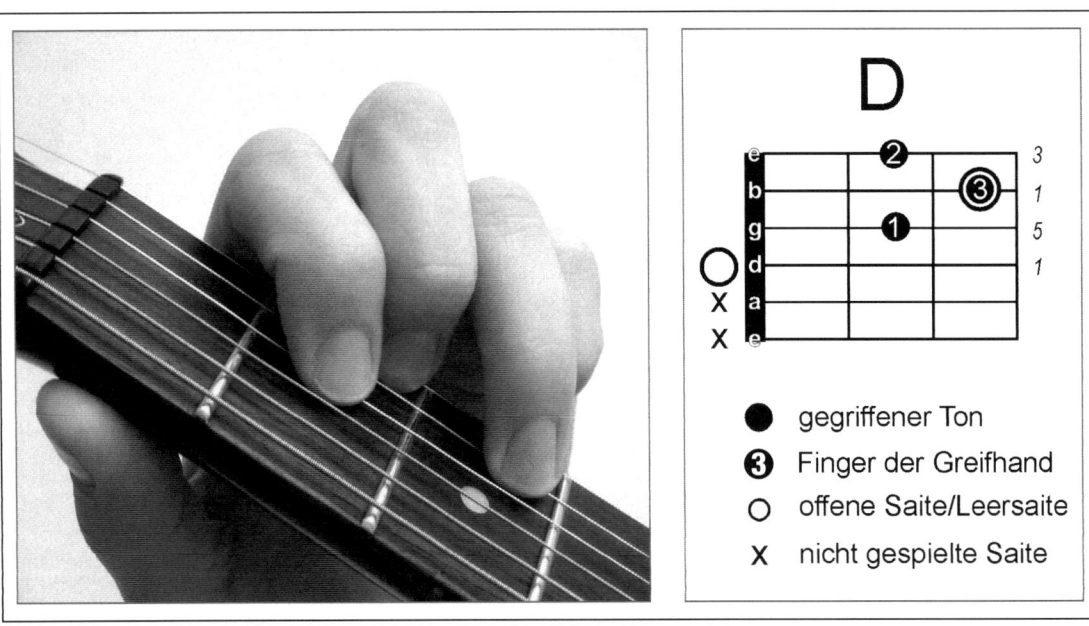

Übung mit dem D Akkord

Schritt 1: Greife den D-Dur Akkord und fahre mit dem Plektrum **langsam** über die **vier** beteiligten Saiten. Jede Saite soll **frei schwingen** können.

Schritt 2: Fahre mit dem Plektrum **schnell** über die vier beteiligten Saiten, damit die Töne des Akkords **gleichzeitig** zusammen erklingen.

Schritt 3: Spiele die folgenden Takte mehrfach **im Kreis**. Probiere unterschiedliche Anschlagstärken und Tempi aus (Tempi = Mehrzahl von Tempo - d.h. spiele die Übung mal schneller, mal langsamer).

Der A Akkord

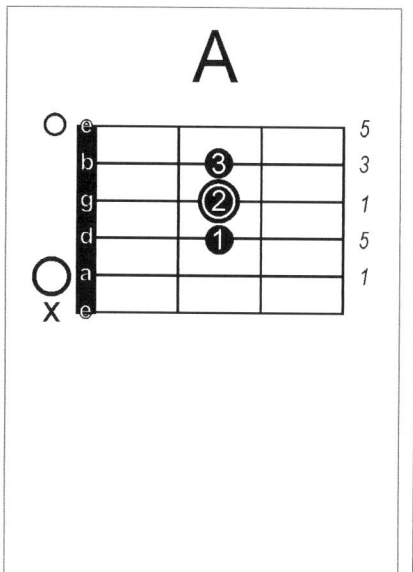

Übung mit dem A Akkord

Schritt 1: Greife den A-Dur Akkord und fahre mit dem Plektrum **langsam** über die **fünf** beteiligten Saiten. Jede Saite soll **frei schwingen** können.
Schritt 2: Fahre mit dem Plektrum **schnell** über die fünf beteiligten Saiten, damit die Töne des Akkords **gleichzeitig** zusammen erklingen.
Schritt 3: Spiele die folgenden Takte mehrfach **im Kreis**. Probiere unterschiedliche Anschlagstärken und Tempi aus.

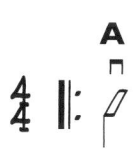

Akkordwechsel zwischen D und A

Hebe beim Akkordwechsel die Finger gleichzeitig ab, forme im Übergang den neuen Akkord quasi in der Luft und setze dann die Finger wieder gleichzeitig auf. Beginne *langsam*!

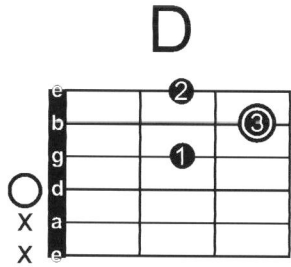
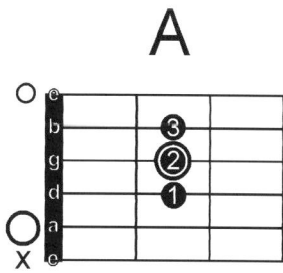

Übung - Wechseln zwischen D und A

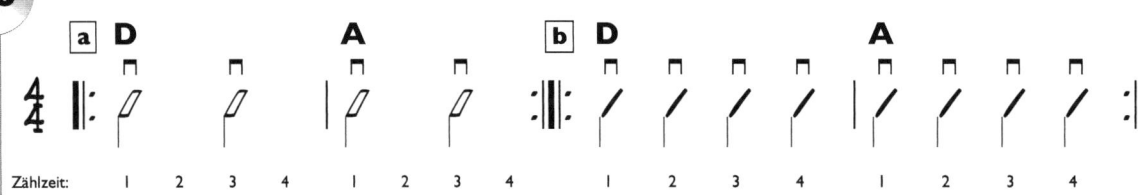

Tipp:

▸ Rhythmus und Schlaghand laufen gleichmäßig durch (1, 2, 3, 4, 1, 2, 3, 4 usw.). Sollte der neue Akkord nicht rechtzeitig gegriffen sein, schlage trotzdem an – auch wenn es zunächst nicht so toll klingt. Am wichtigsten ist der konstante Rhythmus!

▸ Ein Akkordwechsel benötigt immer eine gewisse Zeitspanne. Du gewinnst die erforderliche Zeit zum Umgreifen, indem die Finger vorzeitig den alten Akkord verlassen (d.h. in obigem Beispiel zwischen Zählzeit „4" und „1"). Dadurch erreichst du, dass der neue Akkord zur vorgesehenen Zählzeit gegriffen ist.

Der E Akkord

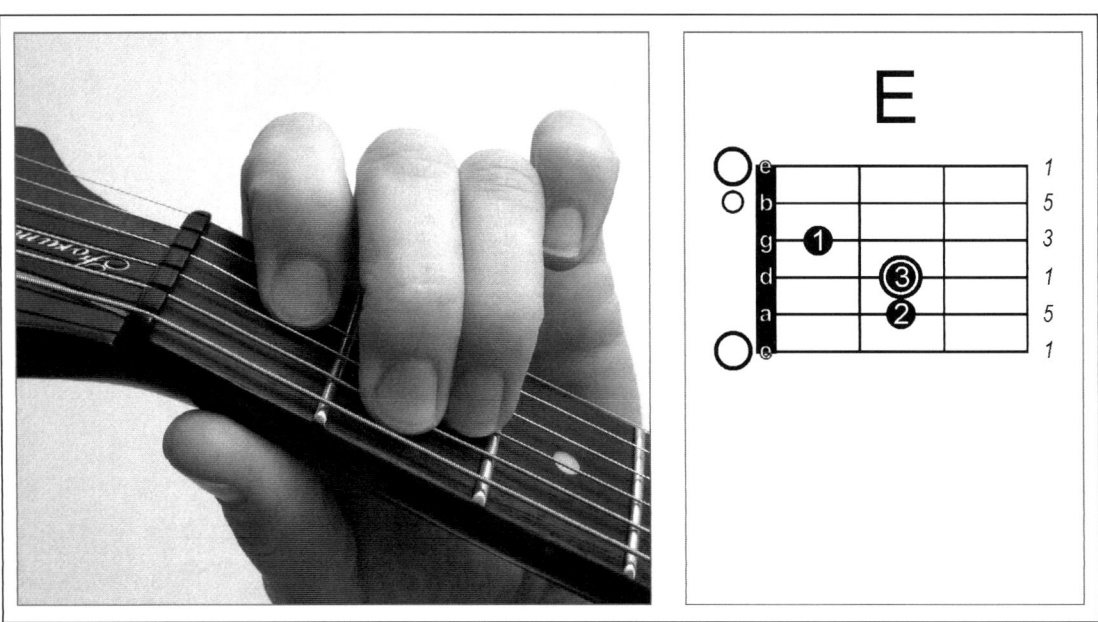

Übung mit dem E Akkord

Schritt 1: Greife den E-Dur Akkord und fahre mit dem Plektrum **langsam** über die **sechs** beteiligten Saiten. Jede Saite soll **frei schwingen** können.

Schritt 2: Fahre mit dem Plektrum **schnell** über die sechs beteiligten Saiten, damit die Töne des Akkords **gleichzeitig** zusammen erklingen.

Schritt 3: Spiele die folgenden Takte mehrfach **im Kreis**. Probiere unterschiedliche Anschlagstärken und Tempi aus.

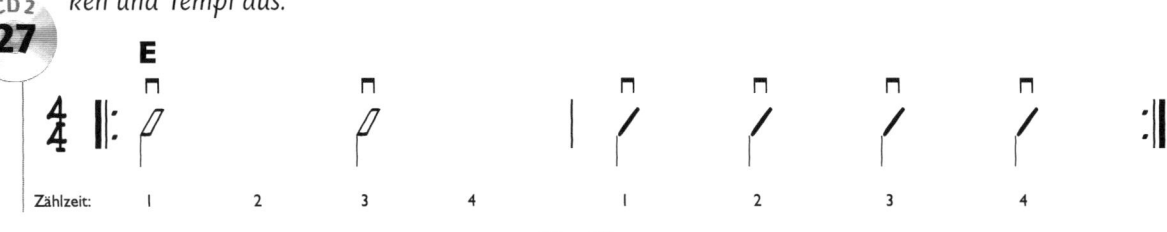

Akkordwechsel zwischen A, E und D

Achte darauf, die Finger beim Wechsel der Akkorde gleichzeitig abzuheben und aufzusetzen. Schlage beim **A-Akkord** nur die *fünf* beteiligten Saiten, beim **E-Akkord** alle *sechs* Saiten und beim **D-Akkord** nur die *vier hohen* (dünnen) Saiten an. Beginne *langsam*!

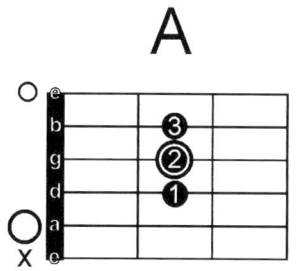 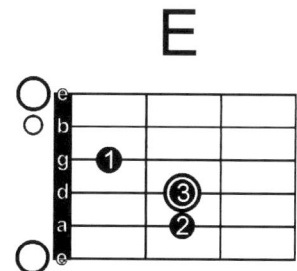 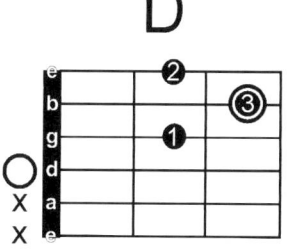

Übung - Wechseln zwischen A, E und D

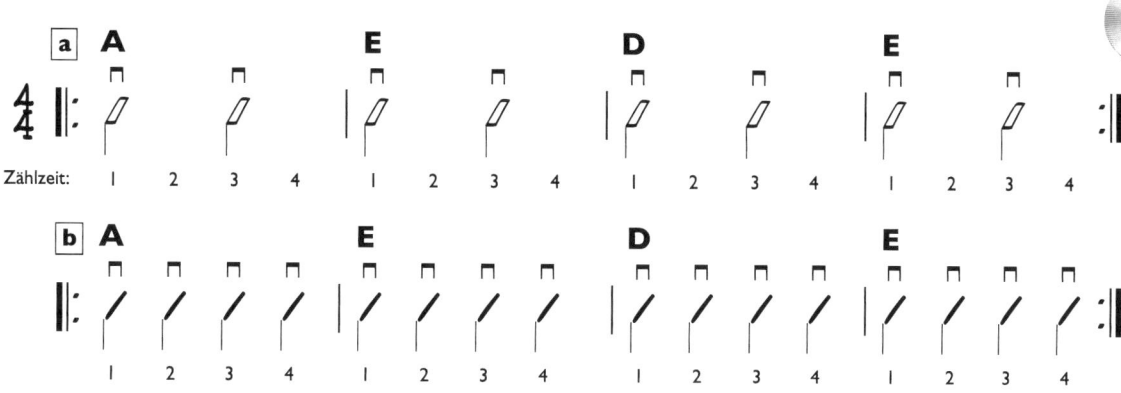

Achtung!
A-Akkord: 5 Saiten
E-Akkord: 6 Saiten
D-Akkord: 4 Saiten

Der G Akkord

 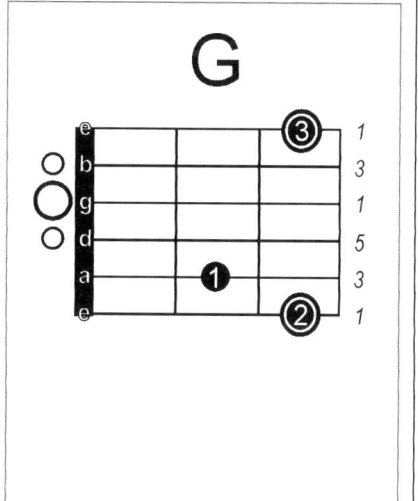

Übung mit dem G Akkord

*Schritt 1: Greife den G-Dur Akkord und fahre mit dem Plektrum **langsam** über die **sechs** beteiligten Saiten. Jede Saite soll **frei schwingen** können.*

Schritt 2: Fahre mit dem Plektrum **schnell** über die sechs beteiligten Saiten, damit die Töne des Akkords **gleichzeitig** zusammen erklingen.

Schritt 3: Spiele die folgenden Takte mehrfach **im Kreis**. Probiere unterschiedliche Anschlagstärken und Tempi aus.

Akkordwechsel zwischen G und D

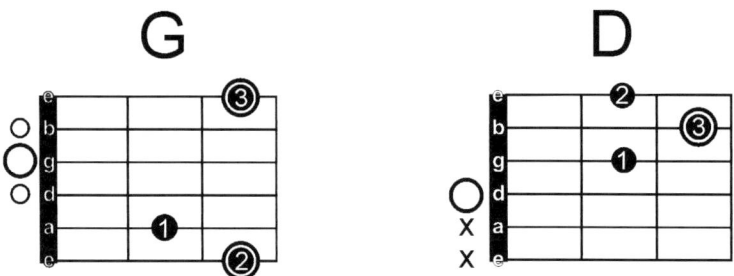

Übung - Wechseln zwischen G und D

Achte darauf, die Finger beim Wechsel der Akkorde *gleichzeitig* abzuheben und aufzusetzen. Beginne *langsam*!

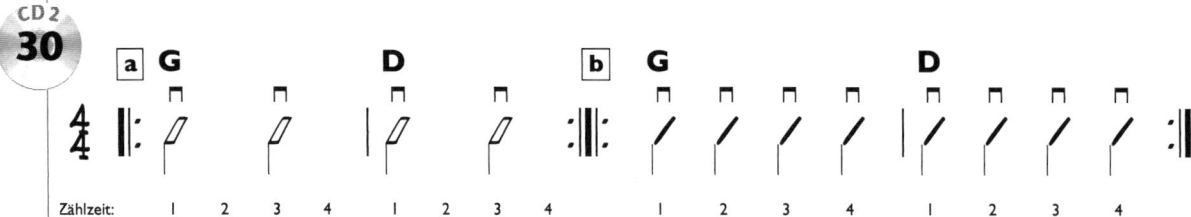

Der C Akkord

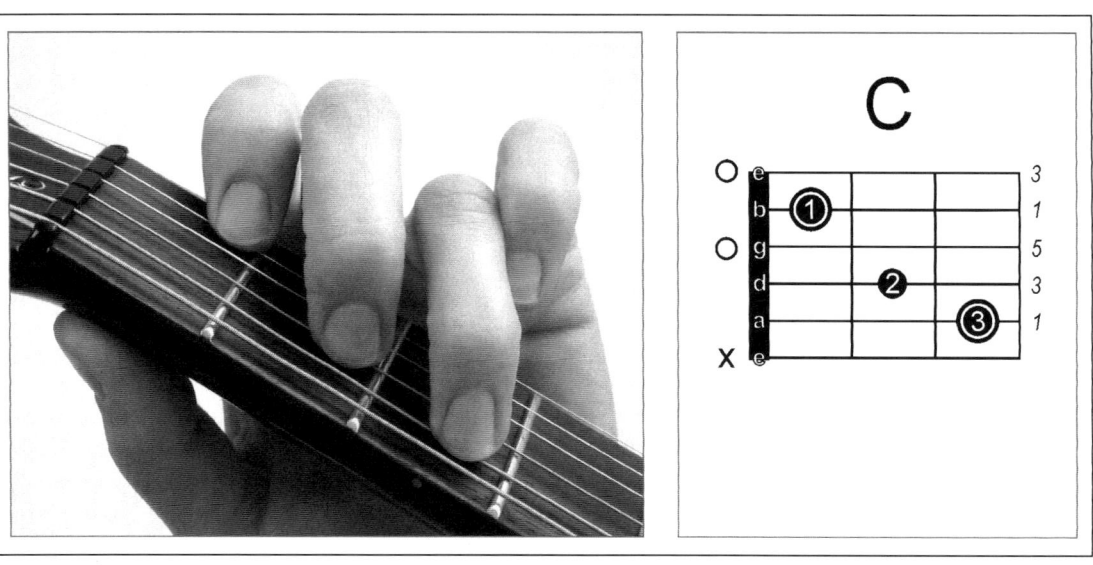

Übung mit dem C Akkord

Schritt 1: Greife den C-Dur Akkord und fahre mit dem Plektrum **langsam** über die **fünf** beteiligten Saiten. Jede Saite soll **frei schwingen** können.
Schritt 2: Fahre mit dem Plektrum **schnell** über die fünf beteiligten Saiten, damit die Töne des Akkords **gleichzeitig** zusammen erklingen.
Schritt 3: Spiele die folgenden Takte mehrfach im **Kreis**. Probiere unterschiedliche Anschlagstärken und Tempi aus.

CD 2 — 31

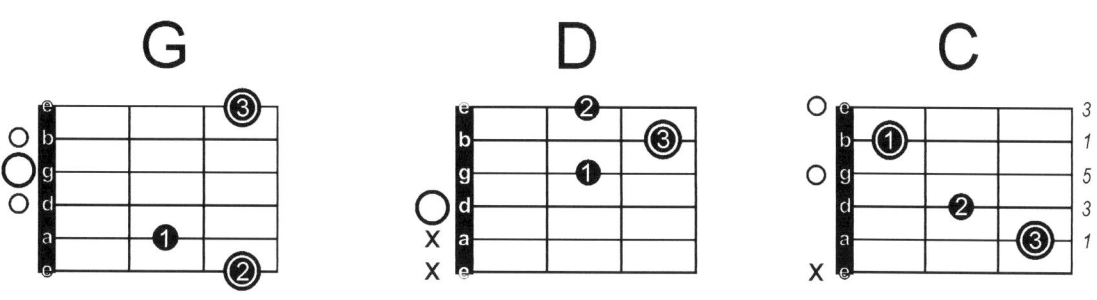

Akkordwechsel zwischen G, D und C

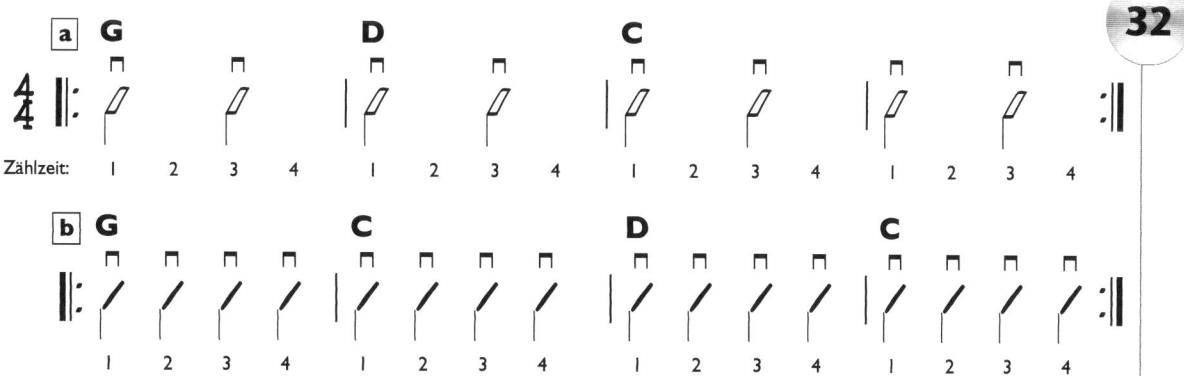

Übung - Wechseln zwischen G, D und C

CD 2 — 32

Akkord Riffs mit den fünf Basis-Akkordgriffen

Dämpfe die Saiten für die Pausenwerte mit der Schlaghand völlig ab (▸ S. 61).

CD 2 — 33a

7 Akkorde

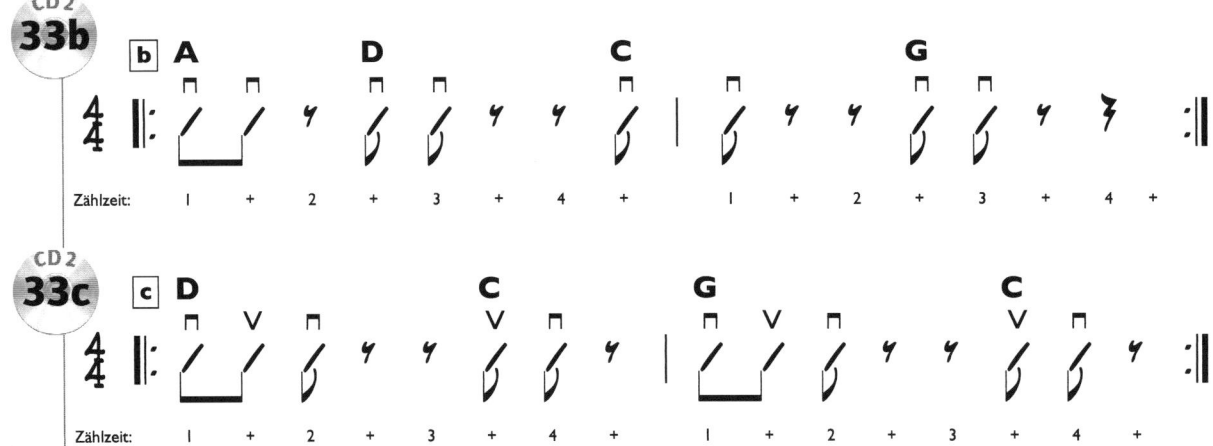

Moll-Dreiklänge: Em, Am, Dm

Gegenüber dem Dur-Akkord ändert sich nur ein Ton: Aus der *Dur-Terz* (3) wird die *Moll-Terz* (b3). Und die findet sich einen Bund (Halbtonschritt) *tiefer*.

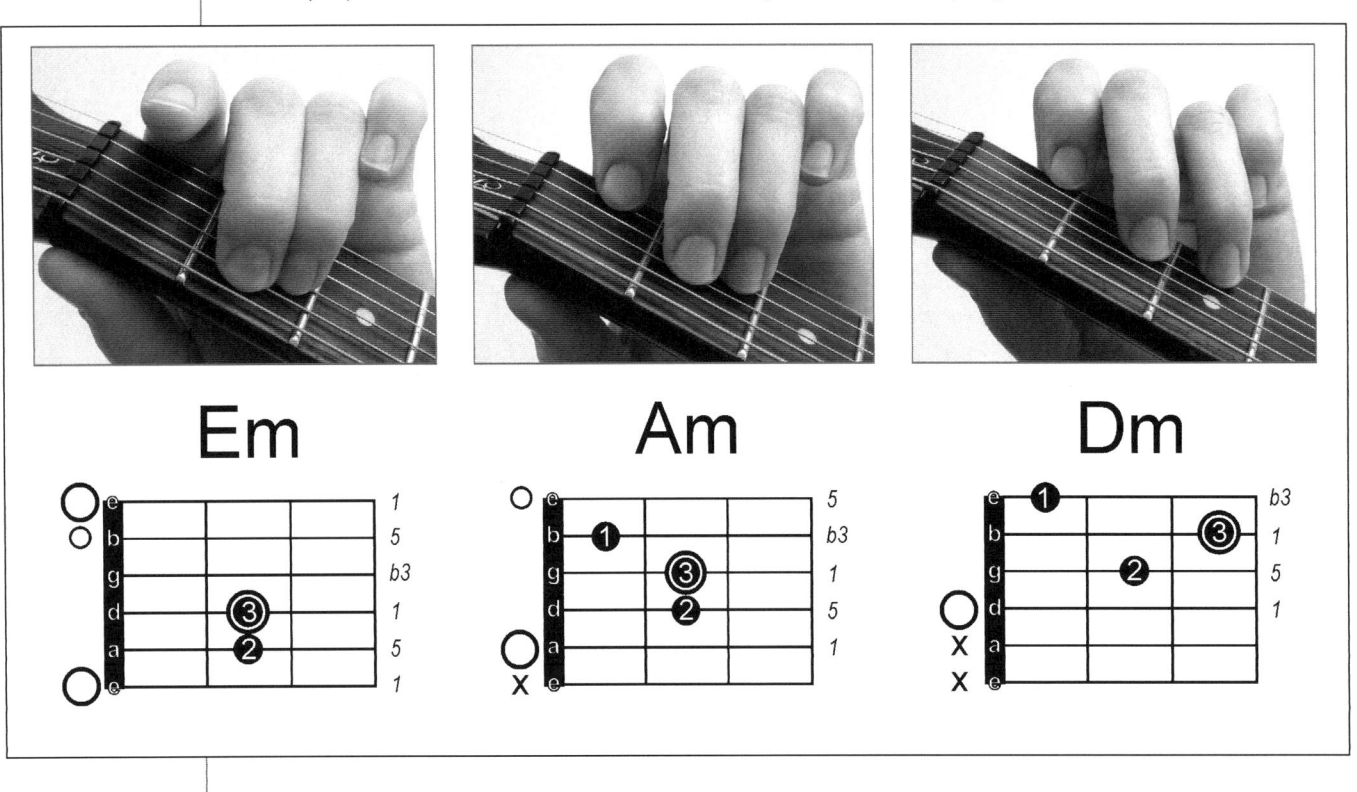

Übung mit dem Em Akkord

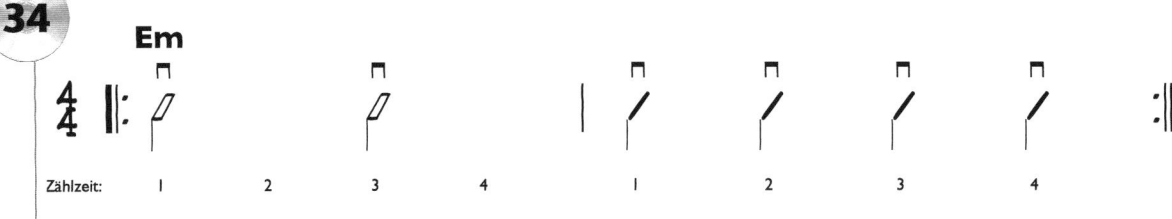

Übung mit dem Am Akkord

Übung mit dem Dm Akkord

Punktierte Noten

Ein *Punkt* hinter einer Note *verlängert* ihren Notenwert um die Hälfte. Durch eine punktierte Note lässt sich die Schreibweise mit *Haltebogen* (▶ S. 37) ersetzen, was die Notation vereinfacht.

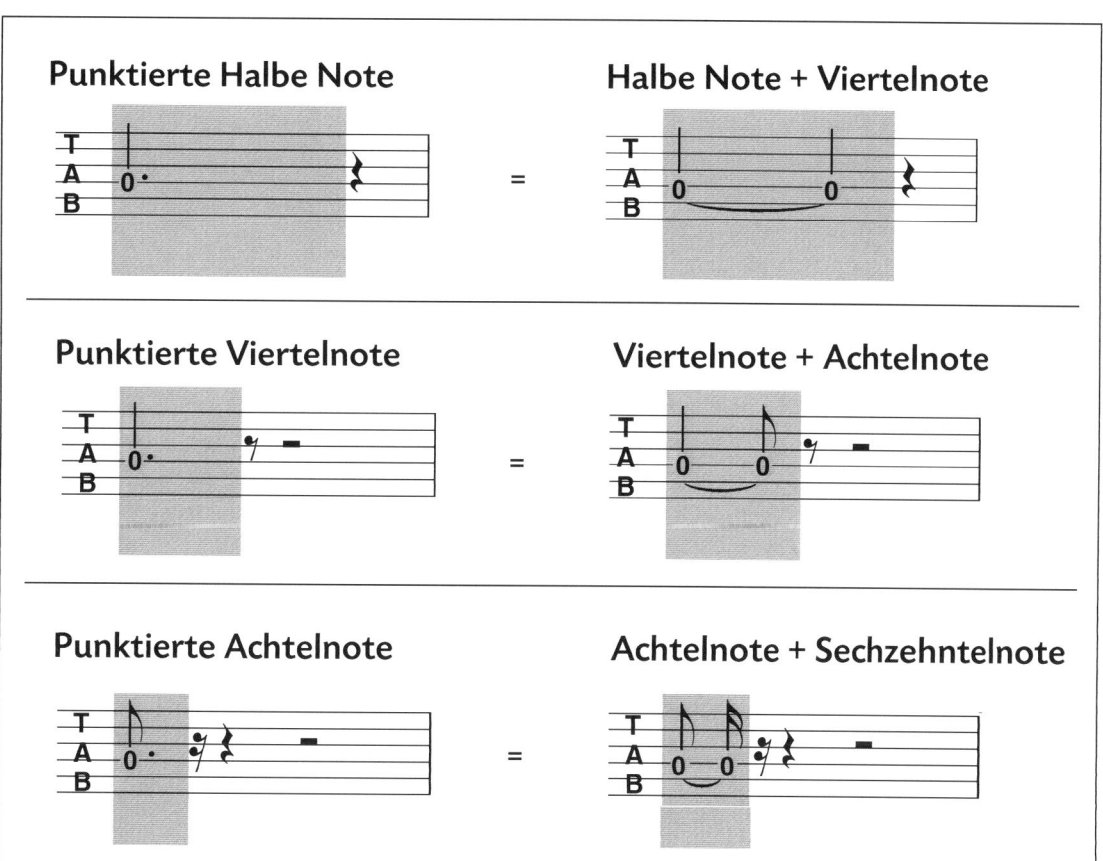

Riffs mit Moll und Dur Akkordgriffen

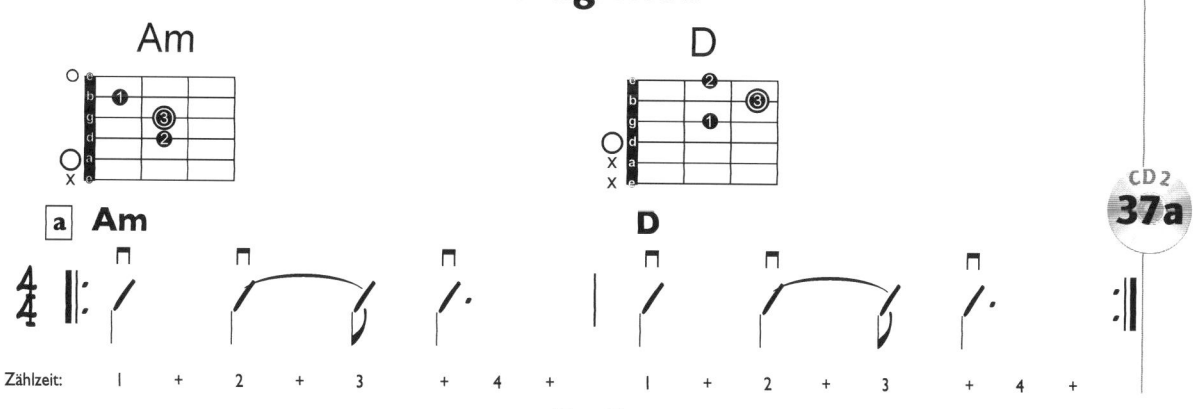

b und c: *Dämpfe* die Saiten für die Pausenwerte mit der *Schlaghand* ab (▶ S. 61).

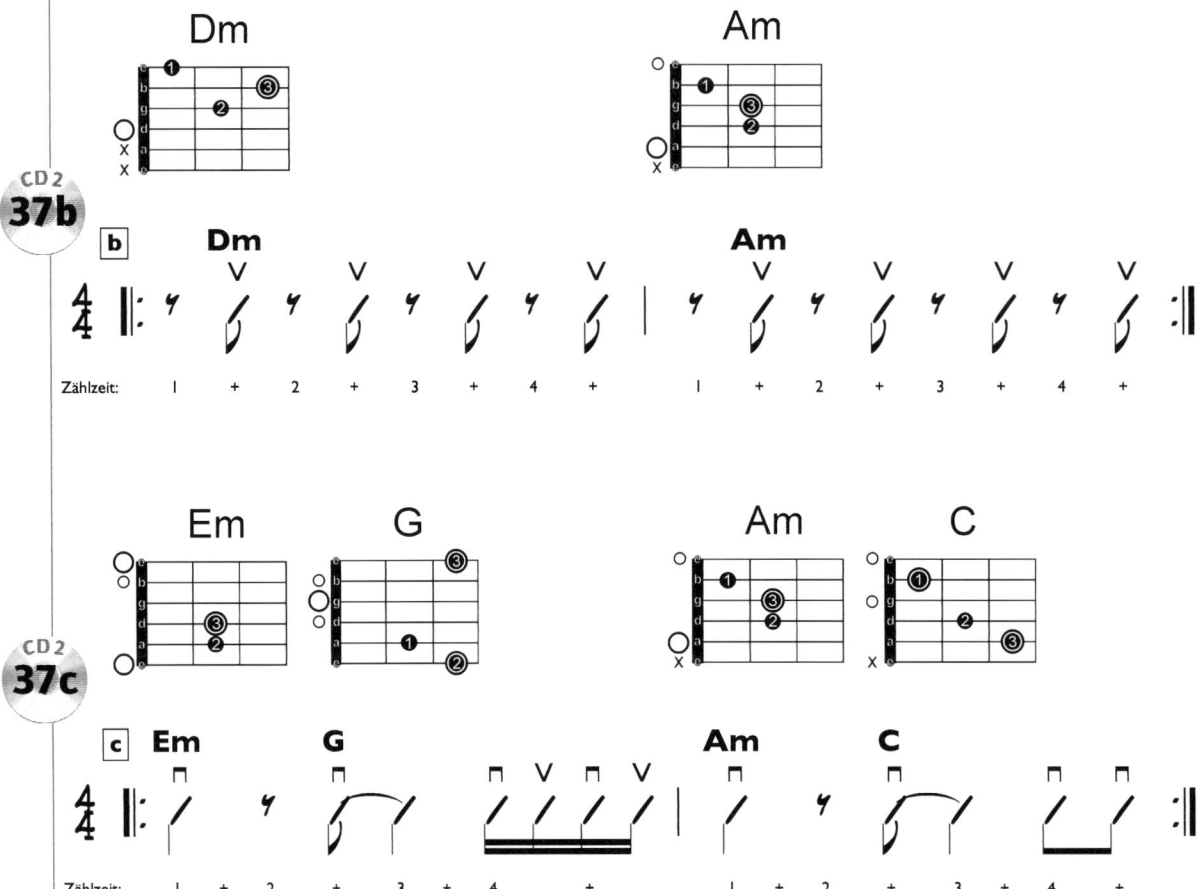

Kreativer Umgang mit Akkorden

Akkordgriffe sind eine Sache – was du damit anfängst, eine andere. Bereits mit den Griffen, die du bis jetzt gelernt hast, lässt sich allerhand anstellen. Ich gebe dir ein paar Anregungen, wie man eine gewöhnliche in eine interessanter klingende Akkordfolge verwandeln kann.

Verschieben von Akkordgriffen

Der kreative Gedanke hierbei ist schlicht, aber effektiv:

*Man nehme einen Akkordgriff und verschiebe ihn in eine **andere Lage**.*

Ein beliebtes Verfahren nicht nur bei den **Beatles** („*Eight Days A Week*"), **REM** („*Man On The Moon*") oder den **Red Hot Chili Peppers** („*Breaking The Girl*").

Riffs mit verschobenen Akkordgriffen

Achte bei den folgenden Beispielen besonders darauf, dass die zugehörigen Leersaiten zu hören sind. Wohin der Griff verschoben wird, ist in der *eckigen Klammer* angegeben.

Beispiel:

[C-III] = Verschiebe den C-Dur-Griff an den *dritten Bund*.

Zur Kontrolle habe ich die Griffe zusätzlich als *Diagramm* und in der *Tabulatur* notiert.

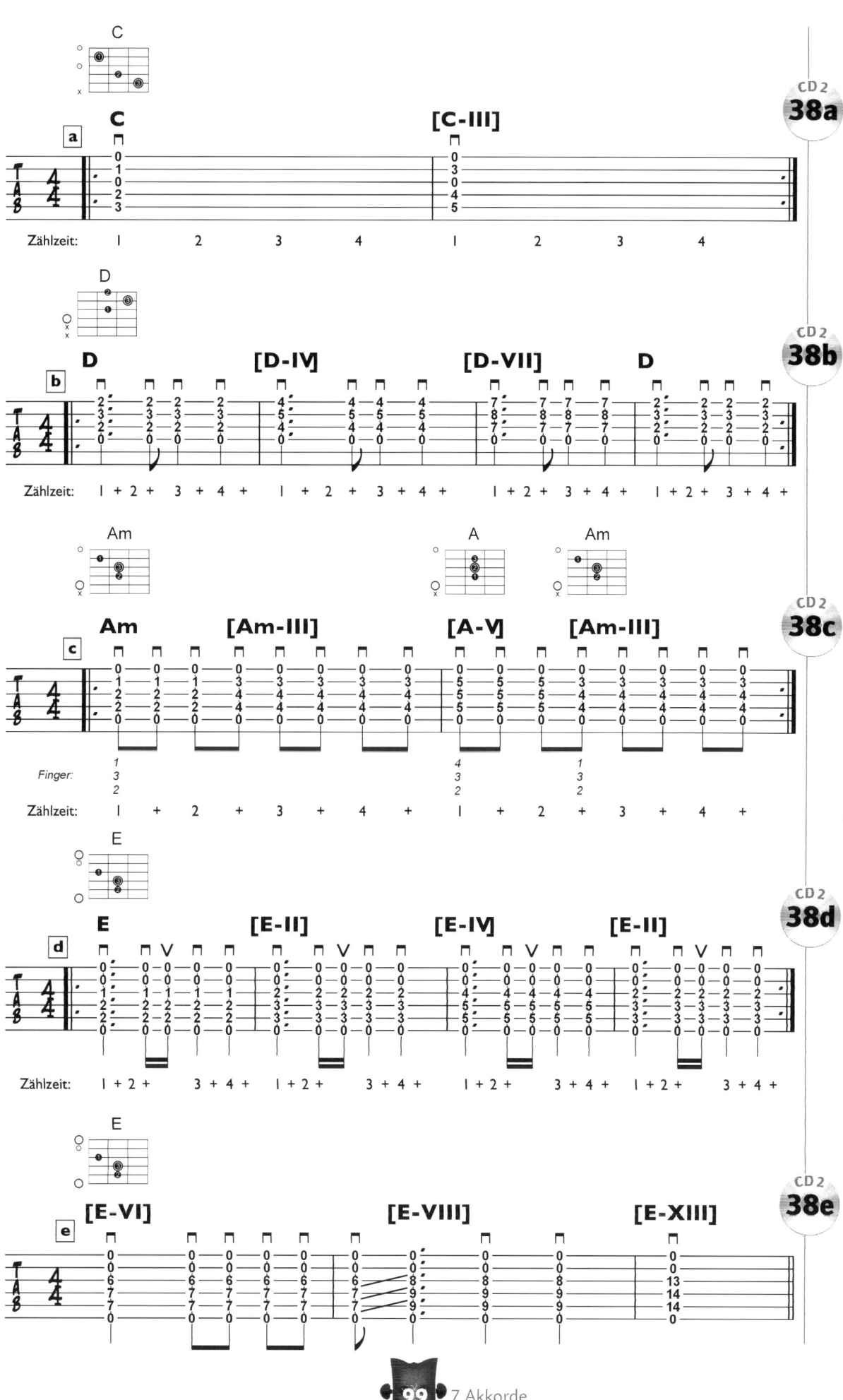

Voicings

Wir brauchen nicht immer alle Töne eines Akkords bzw. Akkordgriffs zu spielen. Gründe dafür sind:

- Zu viele Töne können den Sound vermatschen (besonders bei verzerrten Sounds);
- eine bestimmte Auswahl von Tönen klingt oft interessanter;
- auch kann sich eine gezielte Tonauswahl im Bandsound besser einfügen bzw. durchsetzen als der komplette Griff (siehe z.B. auch *Spielwiese* in *Kapitel 6* ▶ *S. 85f* und in *Kapitel 9* ▶ *S. 121f*).

Wie man einen Akkord tatsächlich greift und spielt, das nennt man **Voicing** (to voice = zum Ausdruck bringen). Gehst du in dieser Weise an Akkorde heran, sind die Standardgriffe nur noch Ausgangsstellungen, aus denen du je nach Song eine möglichst ansprechende Folge von *Voicings* entwickeln kannst. Zum Einstieg in diese umfassende Thematik zeige ich dir ein Vorgehen, das leicht umzusetzen ist:

Wir lassen Töne weg, indem wir von einem Akkordgriff nur bestimmte Saiten verwenden.

Voicing Riffs

In der Tabulatur siehst du, welche Töne/Saiten beteiligt sind. Du hast zwei Möglichkeiten:

- Du greifst die Akkorde komplett, schlägst aber nur die benötigten Saiten an.
- Oder du vereinfachst dir die Arbeit, indem du nur die Töne greifst, die auch tatsächlich benötigt werden. Die Finger-Angaben stehen für diese zweite Möglichkeit.

Beginne in jedem Fall *langsam*!

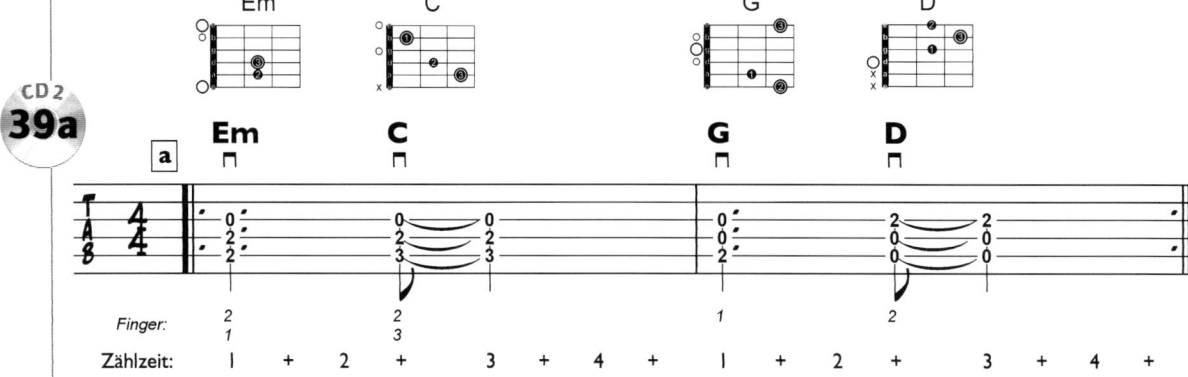

Riffs b und c: *Dämpfe* die Saiten für die Pausen mit der Schlaghand ab (▶ *S. 61*). Achte auf *gleichmäßiges Timing*.

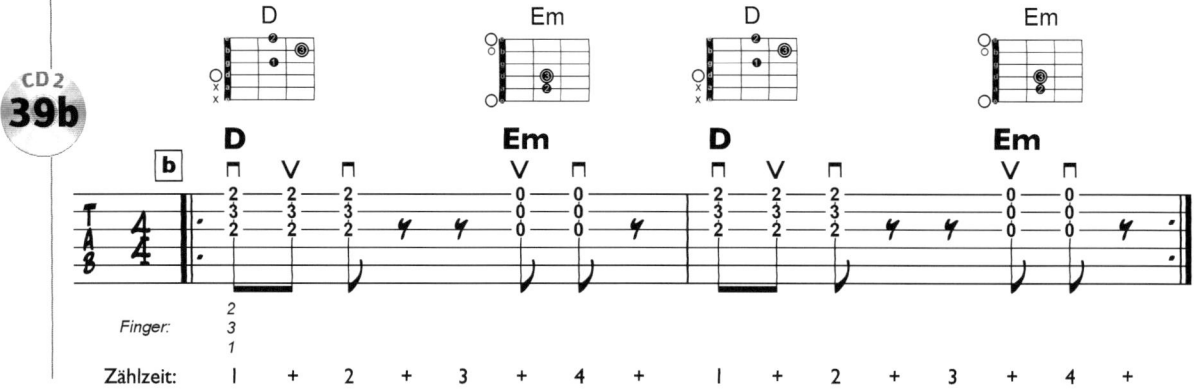

Spielwiese: Classic Rock

Das ideale Stück für große Stadien und Arenen. **AC/DC** und **Bon Jovi** lassen grüßen.

Ablauf
Intro
Strophe
Refrain
Überleitung
Strophe
Refrain
Überleitung
Schluss

CD	
CD 2 **40**	**Vollplayback** das komplette Stück mit Band
CD 2 **41**	**Halbplayback** Das Stück ohne Gitarre zum Mitspielen.

Intro und Überleitung
basieren auf einer einfachen, aber effektvollen Variation des **D5-Powerchords** über *zwei* Saiten.

Strophe
wird ebenfalls mit Powerchords über *zwei* Saiten bestritten. *Dämpfe* die Saiten für die *Pausen* exakt ab; davon lebt dieser Teil.

Refrain
Am *Refrain* ist besonders interessant, dass alle *fünf Basis-Akkordgriffe* zum Einsatz kommen.

Soundempfehlung
verzerrt, mit klar definiertem Anschlag, aber nicht zu stark verzerrt, sodass die Akkorde im *Refrain* noch deutlich zu unterscheiden sind, *etwas Hall*.

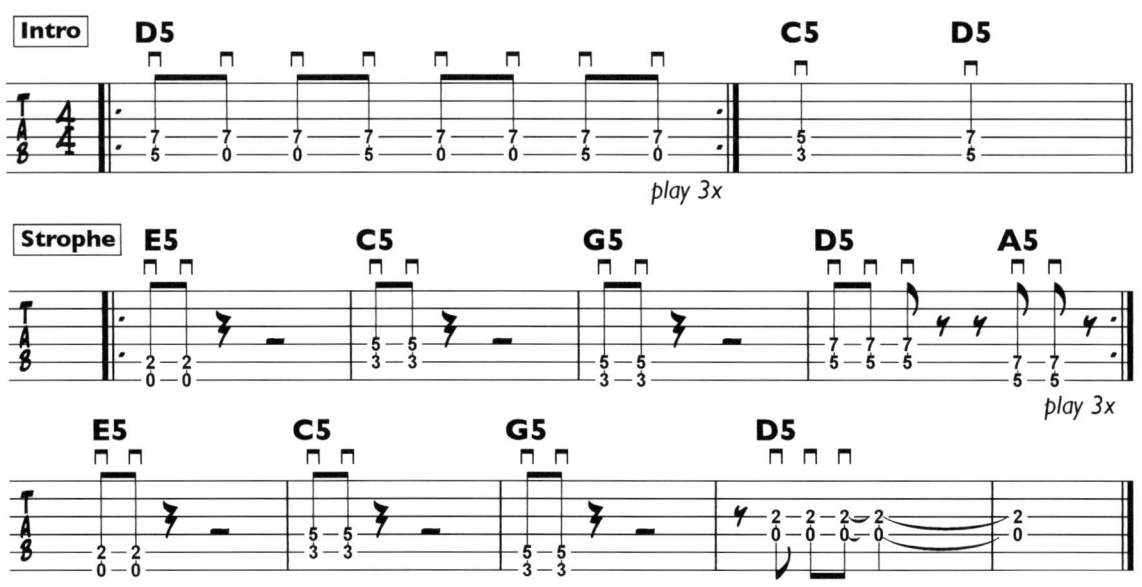
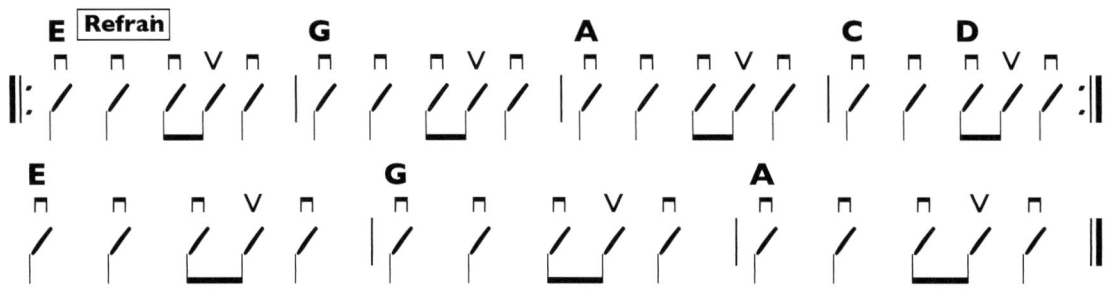
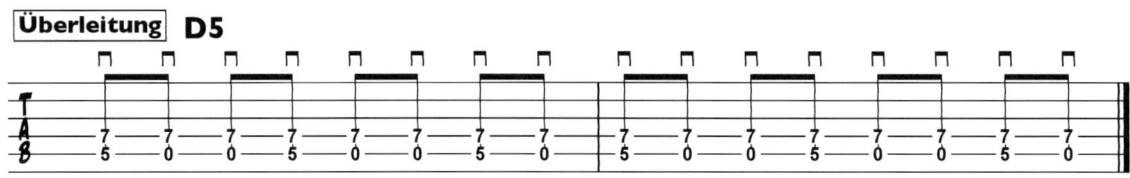

8 Arpeggios

Das lernst du:

Grundbegriffe
Arpeggio
Dur Arpeggio
Moll Arpeggio

Style
New Rock

8 Arpeggios

Arpeggio

Spielart für Akkorde, bei der die Töne nacheinander erklingen.

Spielt man die Töne eines Akkords *nacheinander*, nennt man das ein *Arpeggio* (ital. = *in der Art einer Harfe*). Arpeggios werden für unterschiedliche Zwecke eingesetzt. Man kann damit zum Beispiel die Begleitung eines Stückes bestreiten oder eine Melodie/ein Solo gestalten.

Akkord und Arpeggio

Akkord und Arpeggio haben grundsätzlich den gleichen Aufbau. So besteht z.B. ein Dur Dreiklang und das zugehörige Arpeggio jeweils aus

- *Grundton* (1),
- *großer Terz* (3) und
- *Quinte* (5).

Die Griffdiagramme sind deshalb sehr ähnlich.

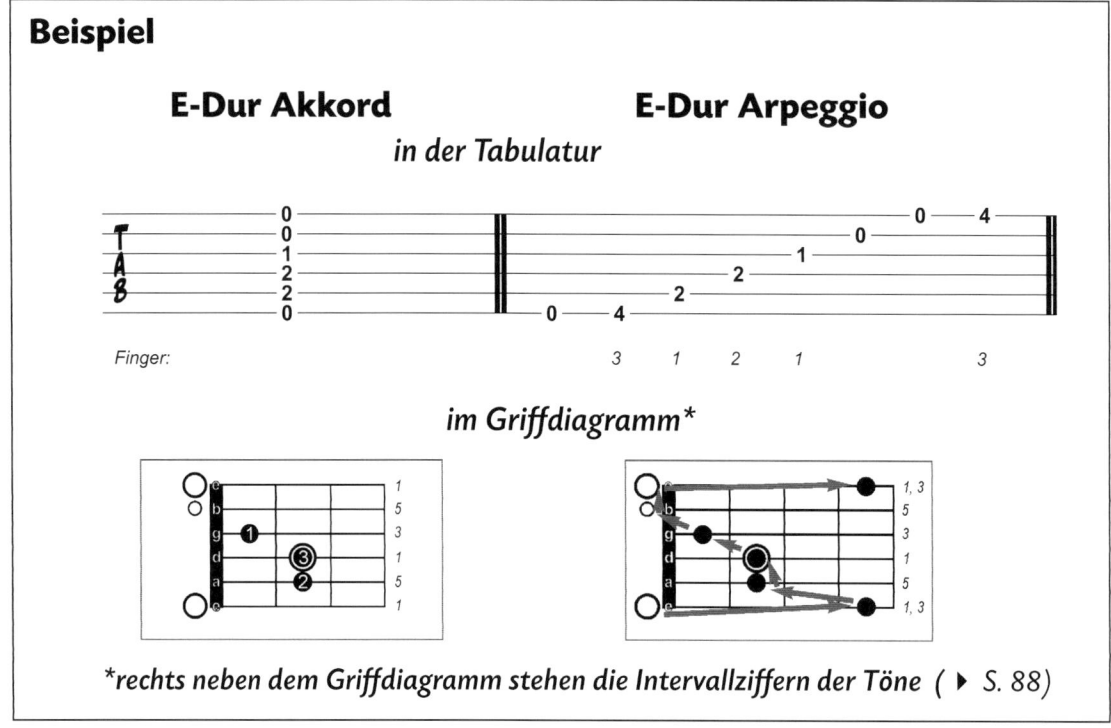

*rechts neben dem Griffdiagramm stehen die Intervallziffern der Töne (▶ S. 88)

Beim Akkord-Griff sind die Töne so auf die einzelnen Saiten verteilt, dass sie gleichzeitig gegriffen und gespielt werden können. Da beim Arpeggio die Töne nacheinander angeschlagen werden, liegen auch schon mal zwei Töne auf einer Saite. Wie du erkennen kannst, ist der Akkord-Griff im Arpeggio-Griffdiagramm enthalten.

Arpeggio-Griffdiagramme zu den fünf Basis-Akkordgriffen

Da sich das Arpeggio-Griffdiagramm vom Akkord-Griffdiagramm lediglich durch ein paar zusätzliche Töne unterscheidet, kannst du dir das Arpeggio über den zugehörigen Akkord-Griff leicht merken. Nachfolgend sind die Arpeggio-Griffdiagramme zu den fünf Basis-Akkordgriffen abgebildet (Intervallaufbau 1, 3, 5).

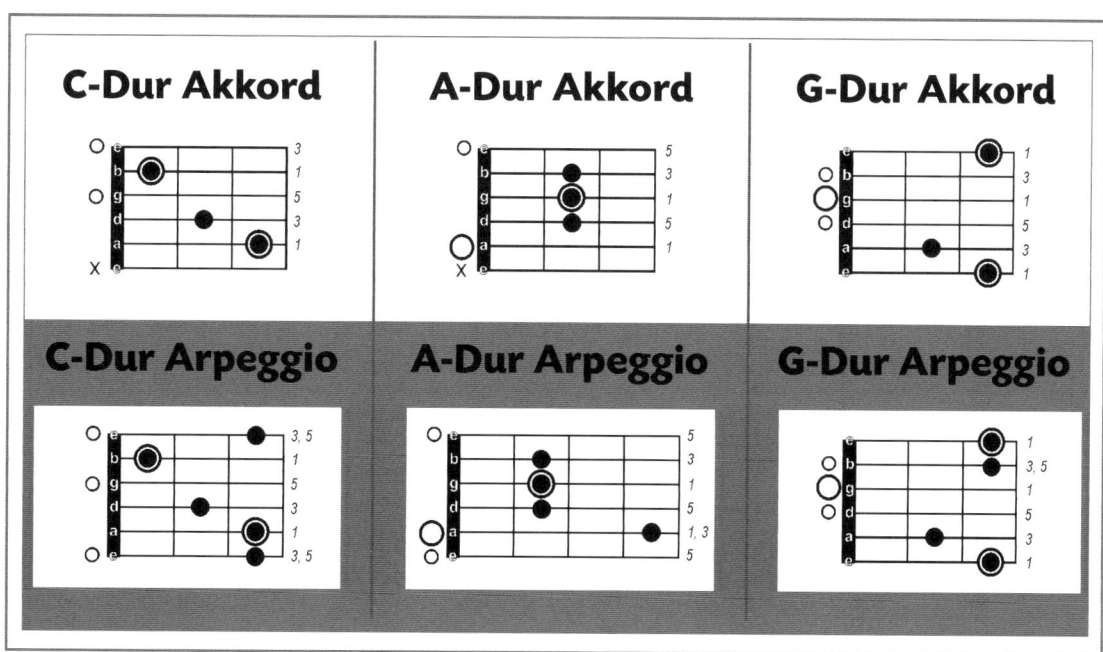

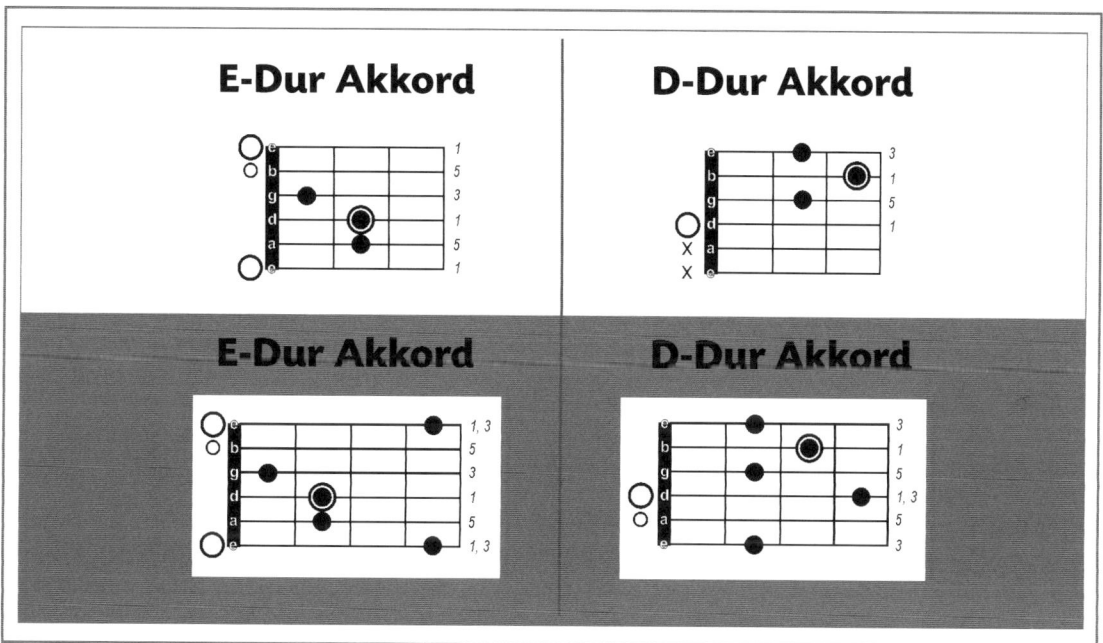

Übung C-Dur Arpeggio
Wiederhole die Übung *mehrfach*. Beginne *langsam*.

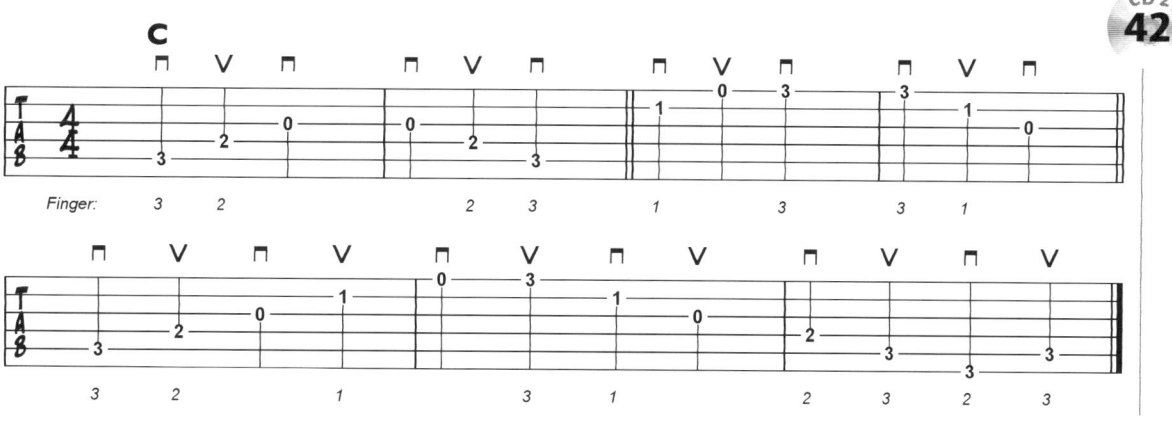

8 Arpeggios

Übung A-Dur Arpeggio

Wiederhole die Übung *mehrfach*. Beginne *langsam*.

Übung G-Dur Arpeggio

Wiederhole jede der Übungen *mehrfach*. Beginne *langsam*

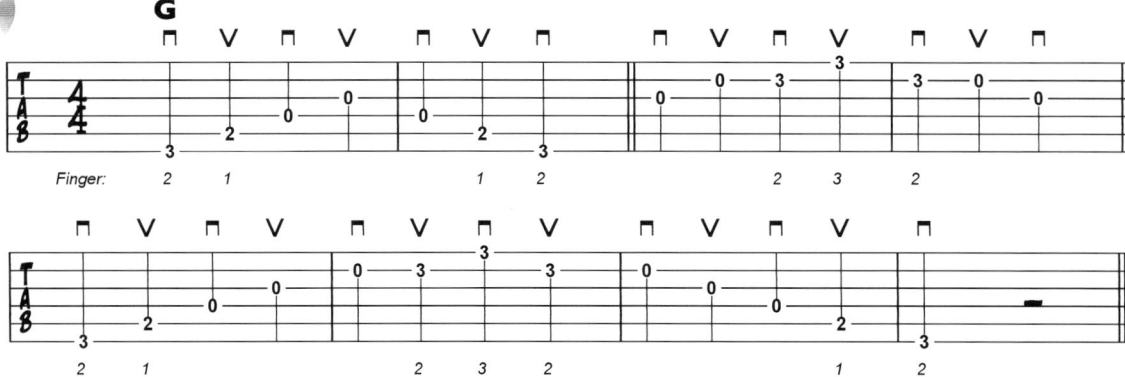

Übung E-Dur Arpeggio

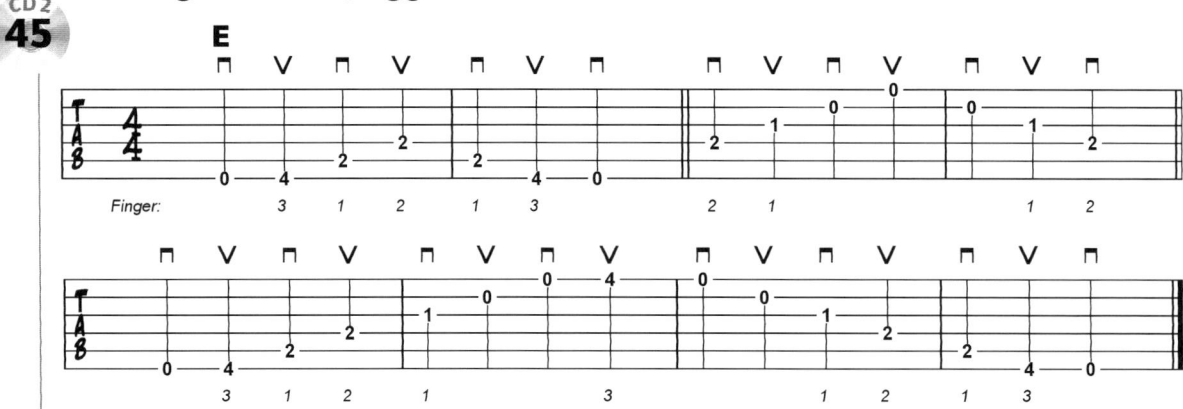

Übung D-Dur Arpeggio

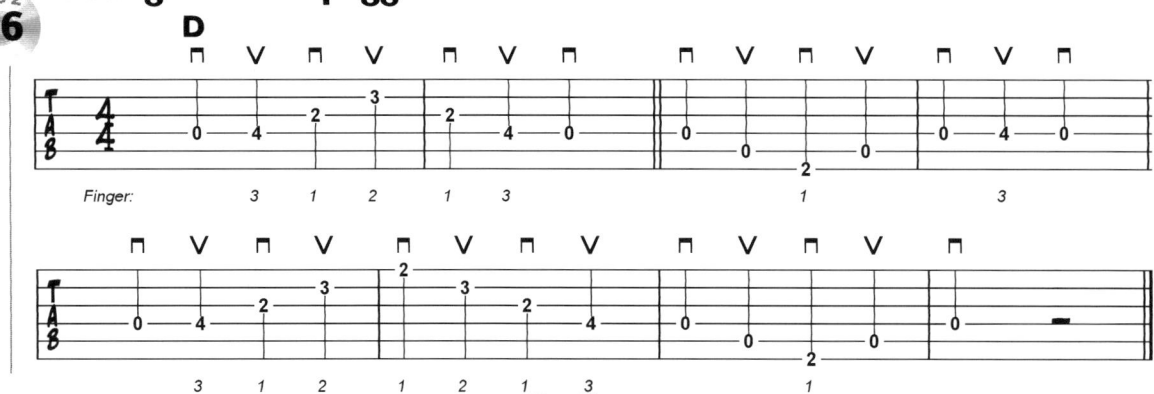

Gemischte Übung

Nachdem du die Dur-Arpeggios einzeln kennen gelernt hast, verwenden wir sie nun zusammen. Du wirst dabei feststellen, dass ein Arpeggio nur eine Vorauswahl von Tönen darstellt. Was du damit machst, hängt von deinen musikalischen Ideen ab. So muss der Grundton eines Arpeggios nicht immer auch der Startton sein, man kann ein Arpeggio auf jedem seiner Töne beginnen, aufwärts oder abwärts spielen und auch Töne überspringen bzw. auslassen.

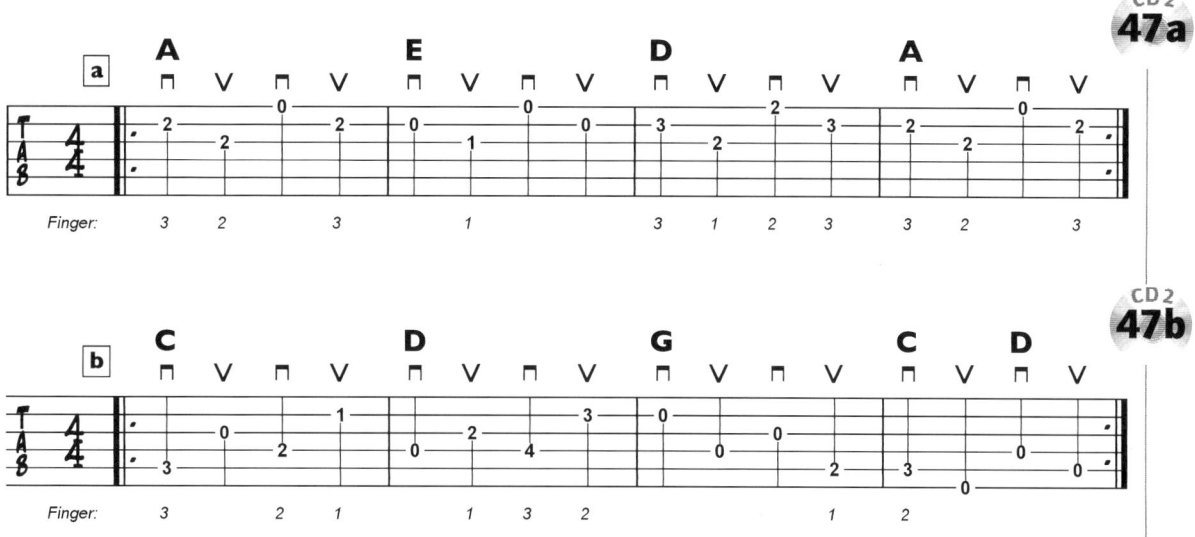

Arpeggio-Griffdiagramme in Moll

Auch die Griffdiagramme der Moll Arpeggios lehnen wir an die entsprechenden Akkordgriffe an (Intervallaufbau 1, b3, 5).

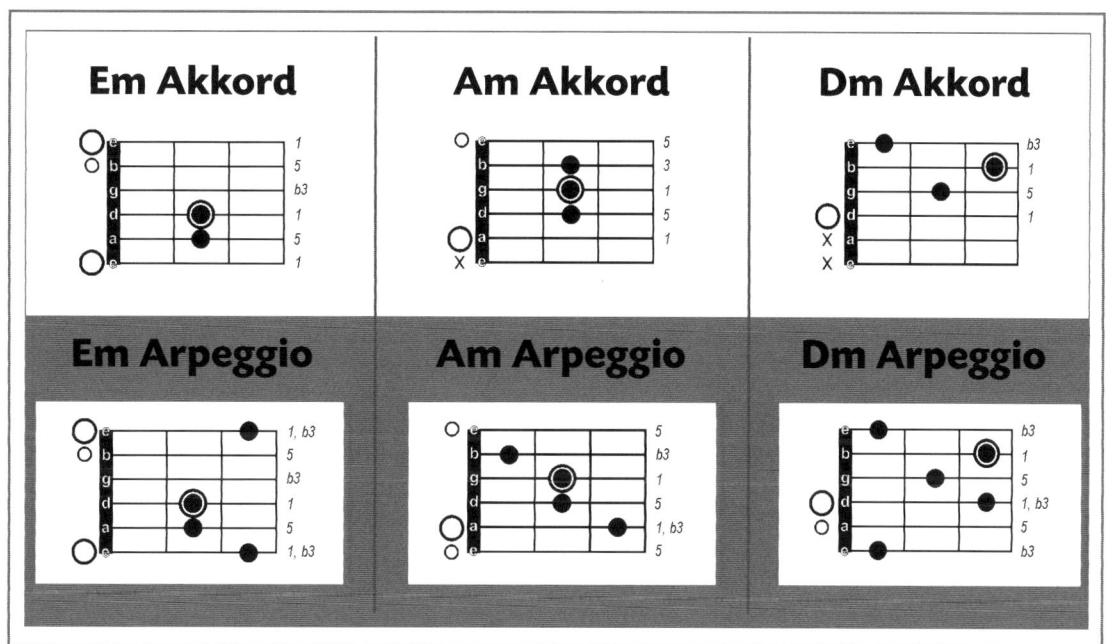

Übung Em Arpeggio
Wiederhole die Übung *mehrfach*. Beginne *langsam*.

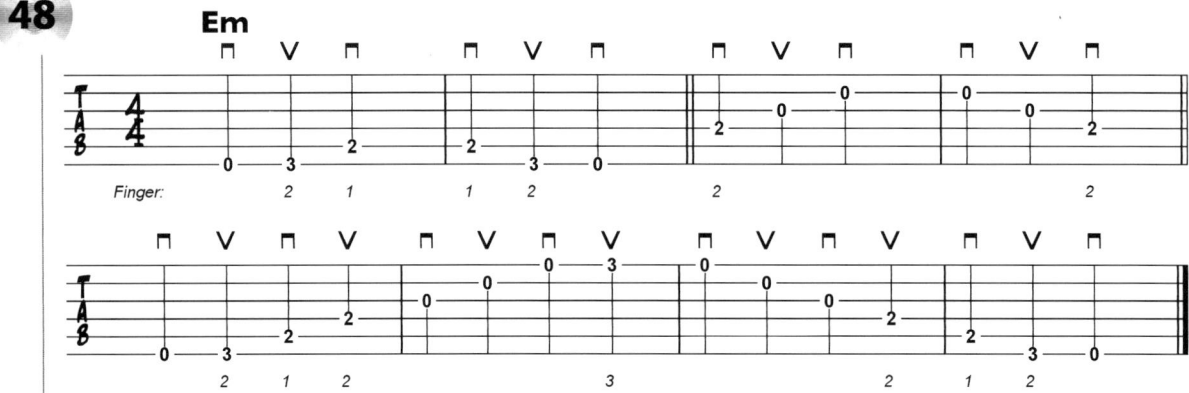

Übung Am Arpeggio

Wiederhole jede der Übungen *mehrfach*. Beginne *langsam*

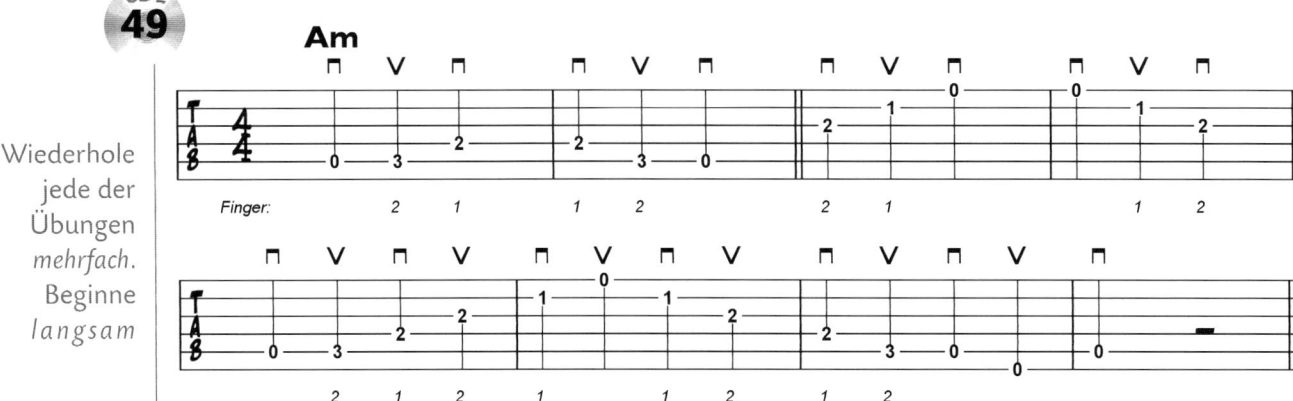

Übung Dm Arpeggio

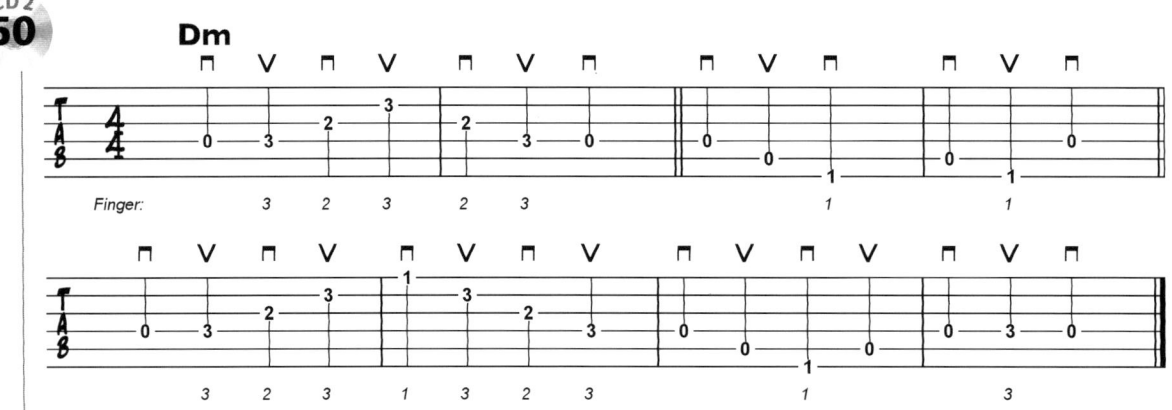

Gemischte Übung

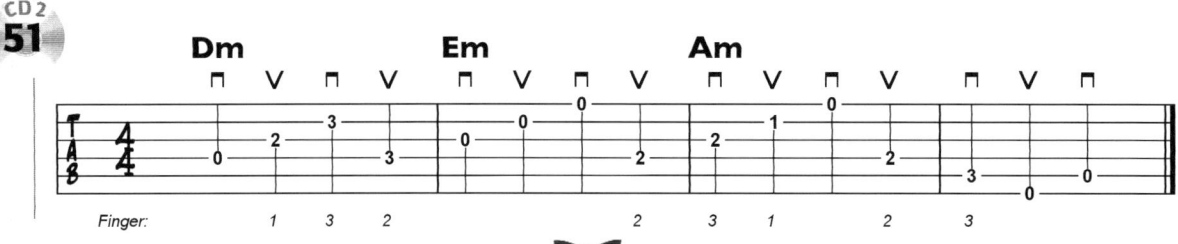

Spielwiese: New Rock

Wie bei vielen „neuen" Rocksongs üblich besteht das folgende New Rock Stück aus gegensätzlichen Teilen. Düstere Metal Rock Strophen wechseln sich mit einem versöhnlichen Refrain ab.

TEIL	GITARRE 1 spielt ...	GITARRE 2 spielt ...
Strophe 1		a
Strophe 2	a	a
Refrain	b	b
Strophe 3	a	a'
Strophe 4	a	a
Refrain	b	b

CD

CD 2 **52**	**Vollplayback**	das komplette Stück mit Band
CD 2 **53**	**Halbplayback 1**	Das Stück ohne Gitarre 1 zum Mitspielen.
CD 2 **54**	**Halbplayback 2**	Das Stück ohne Gitarre 2 zum Mitspielen.

Gitarre 1

In den *Strophen* (außer Strophe 1) spielt *Gitarre 1* eine äußerst einfache, gleich bleibende Figur (a) auf den zwei hohen Leersaiten und bildet so einen spannungssteigernden Gegensatz zu *Gitarre 2*. Der *Refrain* besteht aus Arpeggios der zugrunde liegenden Akkorde (b).

Soundempfehlung

leicht verzerrt (crunch) mit einer Prise *Hall/Delay* und *Chorus*

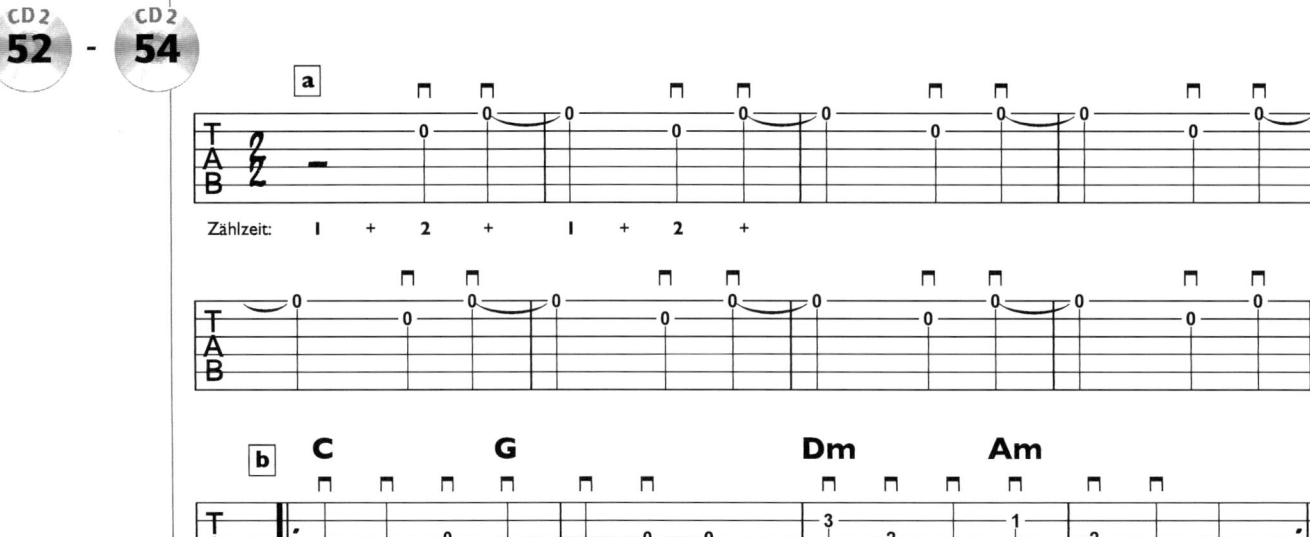

Zur Notation

Die Notation ist im **2/2 Takt**. Dabei haben die *Halben* die Zählzeiten 1, 2, die *Viertel* dazwischen die „+" und die *Achtel* die „e" (also: 1 e + e 2 e + e).

Falls dir das zu unhandlich ist, kannst du auch wie in einem **4/4 Takt** zählen. Die *Viertel* bekommen dann die Zählzeiten 1, 2, 3, 4, die *Achtel* dazwischen die „+" (also: 1 + 2 + 3 + 4 +).

Gitarre 2

Gitarre 2 spielt die Akkorde. In den *Strophen* werden *Powerchords* über drei Saiten verwendet, deutlich abgedämpft (*palm mute*), um den rhythmischen Charakter zu verstärken (▶ *Übung* S. 83).

Die *Variation a'* („*a Strich*") in *Strophe 3* hat die gleichen Akkorde - allerdings *ohne* palm mute und länger ausgehalten. Dadurch wirkt dieser Teil breiter. Achte genau auf die Notenlängen bzw. Pausen.

Der *Refrain* besteht aus den Dreiklängen C, G, Dm und Am. Spiele den Rhythmus exakt durch.

Soundempfehlung

stark verzerrt, mit betonten Höhen und Bässen (d.h. weniger Mittenanteil), *wenig Hall* und damit sehr direkt. Im *Refrain* etwas *weniger Verzerrung*, damit die Akkorde noch einigermaßen deutlich wahrzunehmen sind, man sagt auch: damit sie nicht „matschen".

Tipp:

▶ *Der Verzerrungsgrad lässt sich auf einfache Weise mit dem Volume-Poti der Gitarre beeinflussen. Bei voll aufgedrehtem Volume-Poti der Gitarre ist die Verzerrung im Amp am stärksten. Drehst du den Volume-Regler der Gitarre etwas zurück, nimmt auch der Grad der Verzerrung ab.*

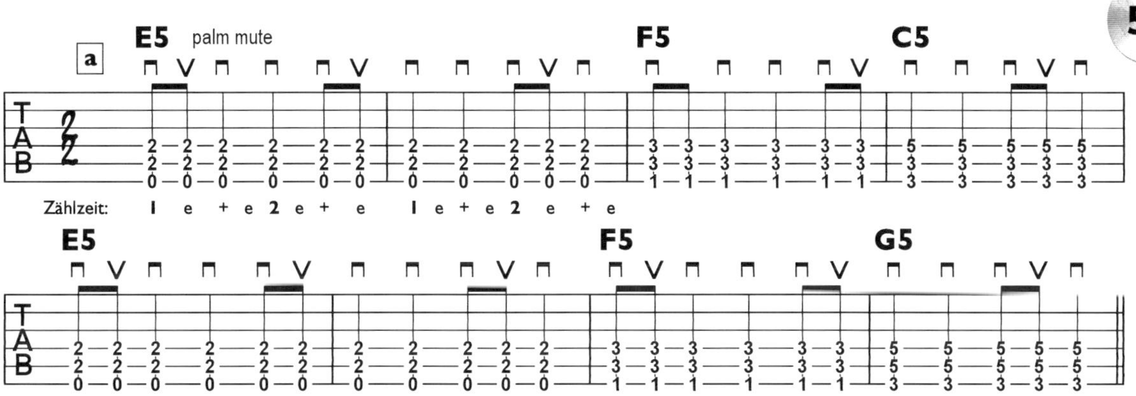

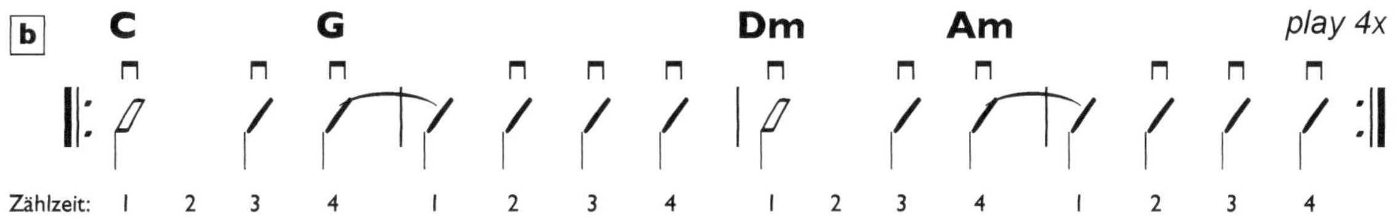

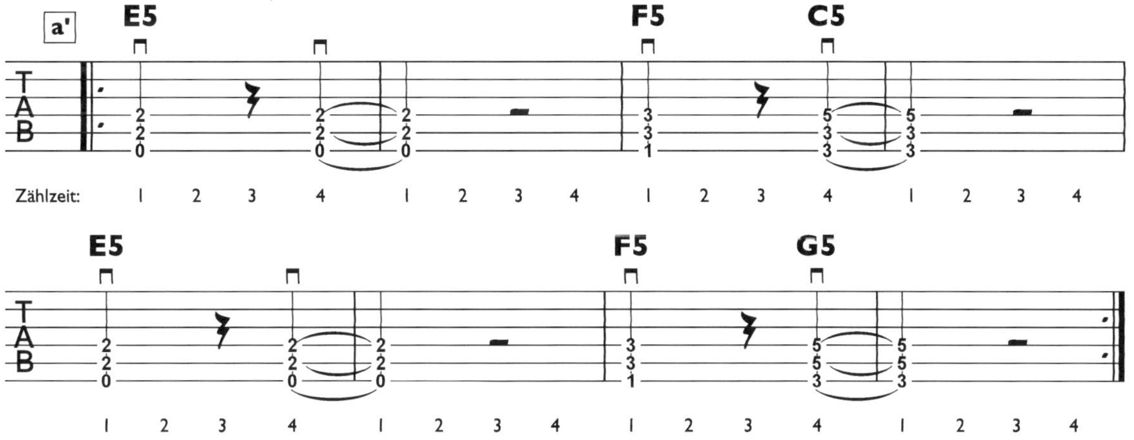

9 Spieltechniken IV

Das lernst du:

Grundbegriffe
Legato

Techniken
Hammer-on
Pull-off
Bend
Release Bend
Bend-in
Unisono Bend
Hold Bend

Style
Latin Rock

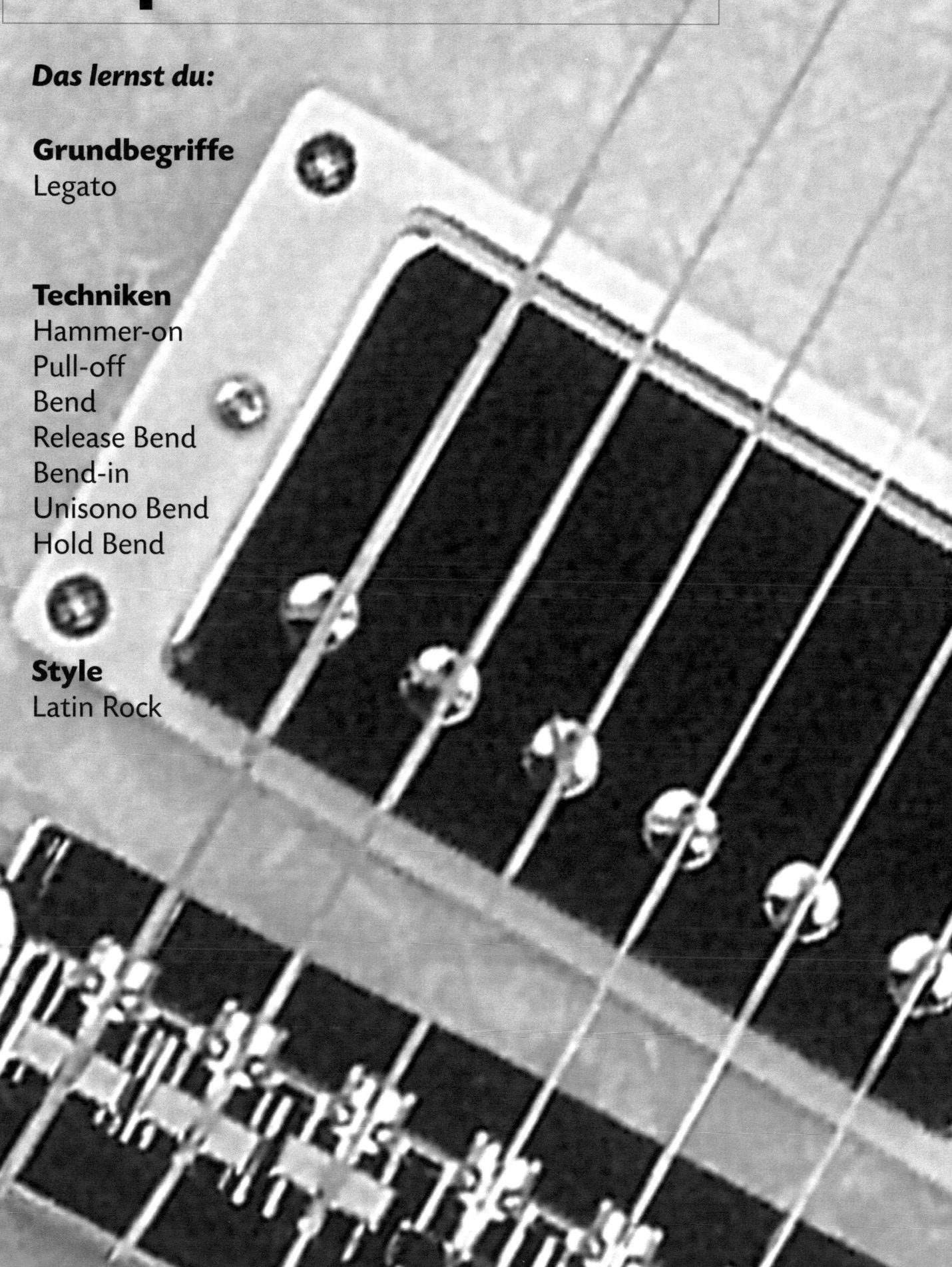

9 Spieltechniken IV

Hammer-on, *Pull-off* und *Bend* gehören wie das Slide, das du schon kennen gelernt hast (▶ S. 40), zu den *Legatotechniken*. Diese Spieltechniken verleihen unserem Spiel mehr Geschmeidigkeit und Ausdruck - im Gegensatz zu dem maschinengewehrartigen Eindruck, der entstehen kann, wenn jeder Ton mit dem Plektrum angeschlagen wird. Beim Legatospiel werden aufeinander folgende Töne weicher mit einander verbunden.

Hammer-on

> **Legatobogen**
>
> Legatobogen und Haltebogen (▶ S. 37) kannst du leicht auseinander halten: Der Legatobogen verbindet zwei *verschiedene* Töne, der Haltebogen verlängert *ein und den selben Ton*.

Die Bezeichnung *Hammer-on* lässt dich bereits erahnen, wie diese Technik funktioniert: **Ein Finger hämmert die Saite schnell auf den Bund.** Diese schlagartige Bewegung bringt ihrerseits die Saite zum Schwingen. Der neue Ton ist stets höher. Notiert wird ein Hammer-on mit „**H**" und einem *Legatobogen*.

Vorgehensweise

Schlage den ersten Ton an. Der Finger für den zweiten Ton befindet sich etwa fingerbreit über dem betreffenden Bund.

Hämmere nun schlagartig und kräftig auf die Saite und halte den Finger dort (wie gegriffen). Der gehämmerte Ton sollte deutlich und fast so laut zu hören sein, wie bei einem Anschlag mit der Schlaghand.

Hammer-on Übung

In *Übung a* und *c* Hammer-on mit *Ringfinger* ❸, in *b* und *d* Hammer-on mit *Mittelfinger* ❷
Spiele die Übungen auch in *anderen Lagen* (z.B. 8. Bund, 12. Bund, 1. Bund).

CD 2 · 55

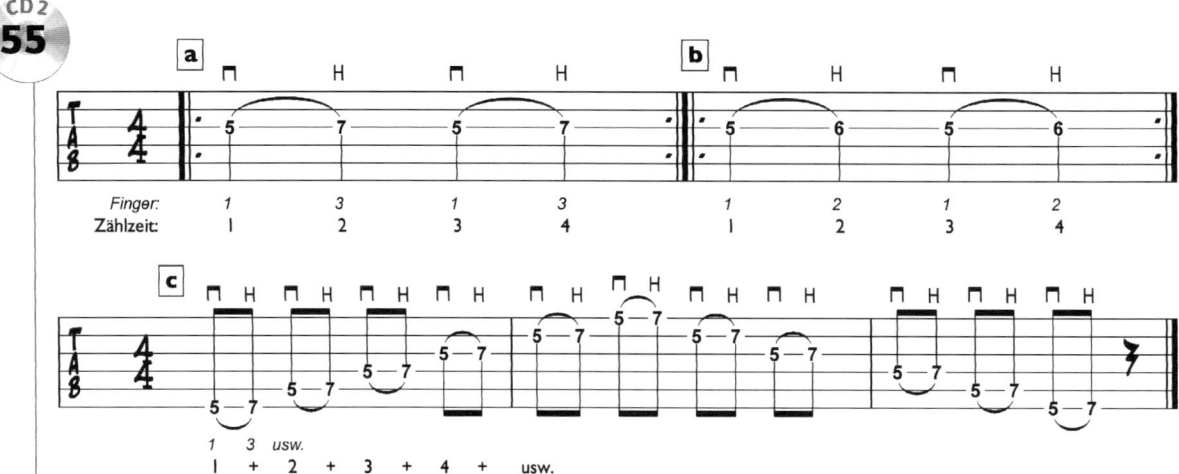

Pull-off

Pull-off, zu deutsch „*Abziehen*", ist die *Umkehrung* vom Hammer-on. Ein Pull-off bringt also einen tieferen Ton zum Klingen. Notiert wird ein Pull-off mit *Legatobogen* und „**P**".

Vorgehensweise

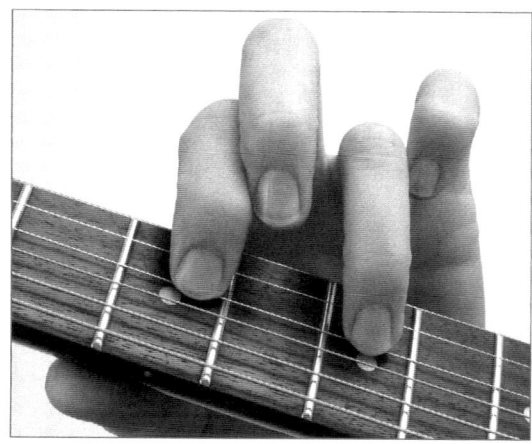 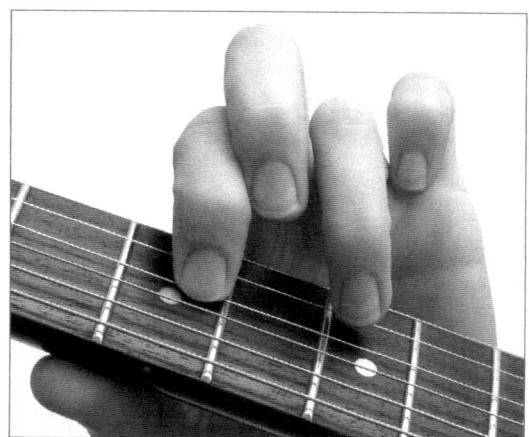

Schlage den ersten Ton an.
Erhöhe mit Beginn der Pull-off-Bewegung den Greifdruck etwas und ziehe den Finger schnell ab, sodass die Fingerkuppe die Saite in Schwingung versetzt.

Mit anderen Worten: Der Finger „springt" in einem kleinen, gegen das Griffbrett gerichteten Bogen von der Saite ab - wie von einem Sprungbrett. Der entstehende Ton sollte deutlich und fast so laut zu hören sein, wie bei einem Anschlag mit der Schlaghand.

Pull-off Übung

Übertrage die Übungen auch in *andere Lagen* und spiele sie dort (z.B. am *9. Bund, 12. Bund, 3. Bund*).

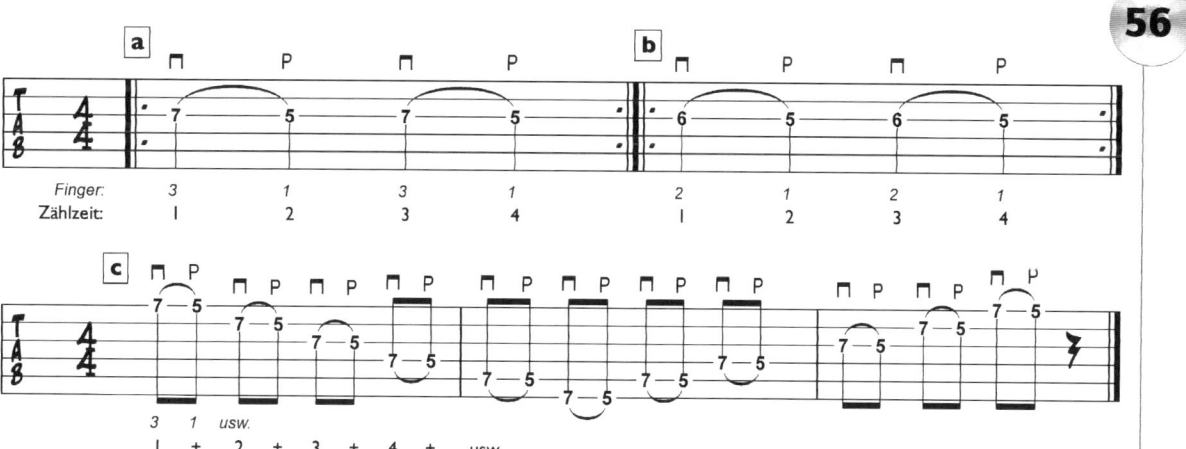

9 Spieltechniken IV

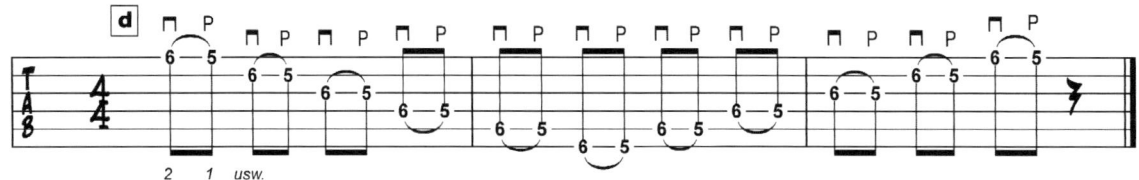

Kombination von Hammer-on und Pull-off

Die *Kombination* von Hammer-on und Pull-off führt dich in eine neue Dimension. Zum einen kannst du damit jede beliebige Passage einer Melodie oder eines Solos *legato*, d.h. gebunden und mit weichem Verlauf umsetzen. Zum anderen erfährt deine *linke Hand* durch H-P-Kombinationen einen Geschwindigkeitsschub. Du kannst viel mehr Töne spielen, als deine rechte Hand anschlagen muss.

H-P Übung

CD 2 · 57

Übertrage die Übungen auch in *andere Lagen* und spiele sie dort.

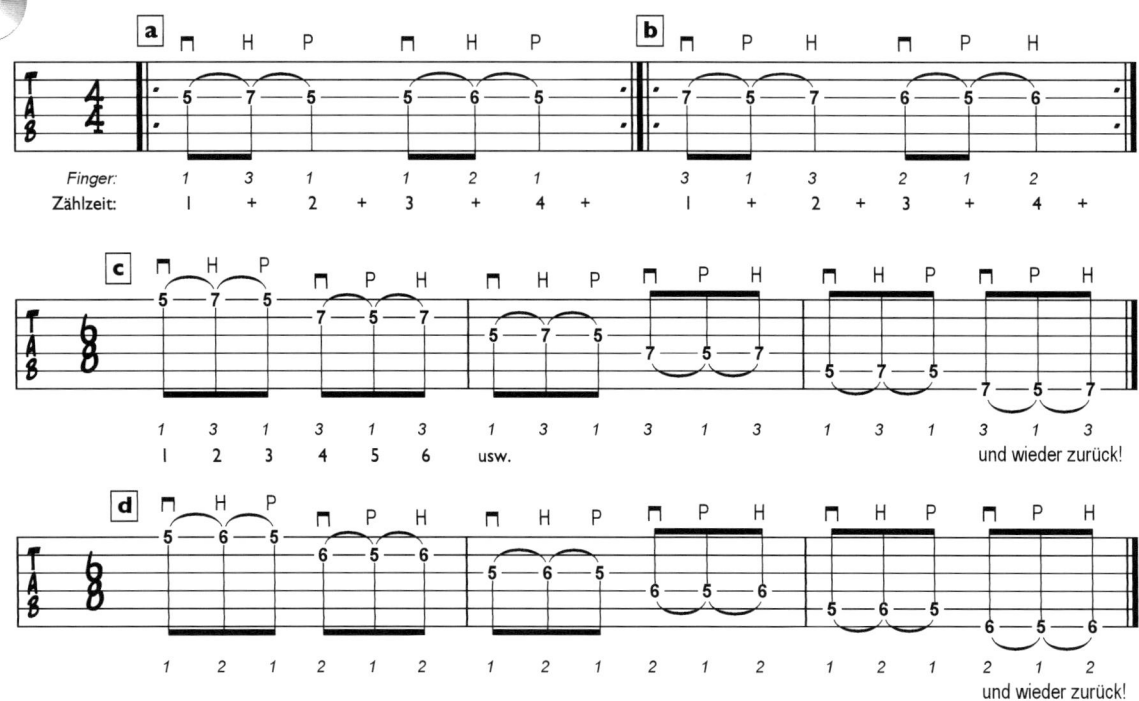

H-P Licks

CD 2 · 58

Spiele wie notiert. Beginne *langsam*! Beachte in **b** die *Haltebogen* (▸ S. 37).

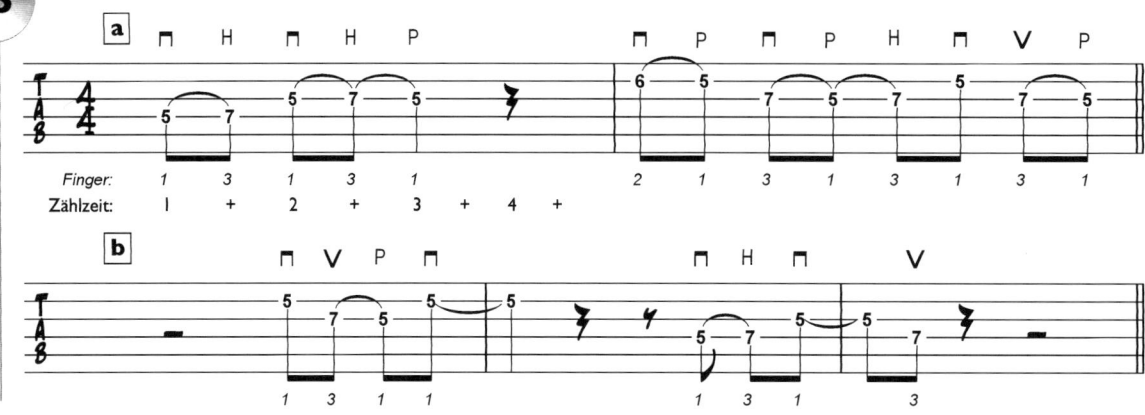

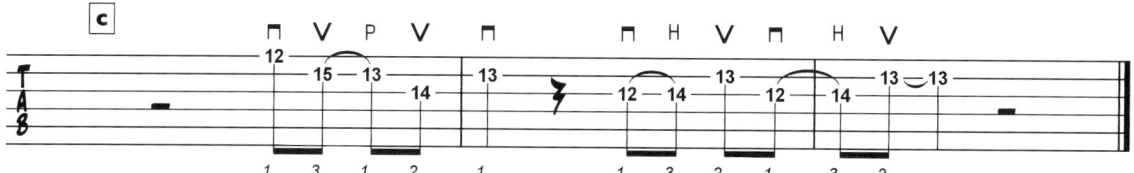

Du hast die *Besonderheit* bestimmt bemerkt: Die Schlaghand läuft *nicht* immer im durchgängigen Wechselschlag, sondern ich habe die Schlagrichtung (⊓ V) an die Licks angepasst. Selbstverständlich kannst du die Schlaghand im Wechselschlag laufen lassen oder auch andere Varianten verwenden. Probiere aus und vergleiche! Was spielt sich leichter bzw. liegt dir besser? Wie wirken die Licks dabei?

Hammer-on und Pull-off mit Leersaiten

Hammer-on und Pull-off funktionieren mit *Leersaiten* genauso. Aber es gibt kleine, interessante Unterschiede. Im Vergleich fühlen sich die Hammer-ons und Pull-offs mit Leersaiten ein bisschen anders an. Zudem klingt die Gitarre besonders reizvoll, wenn Leersaiten mit im Spiel sind.

H-P Licks mit Leersaiten

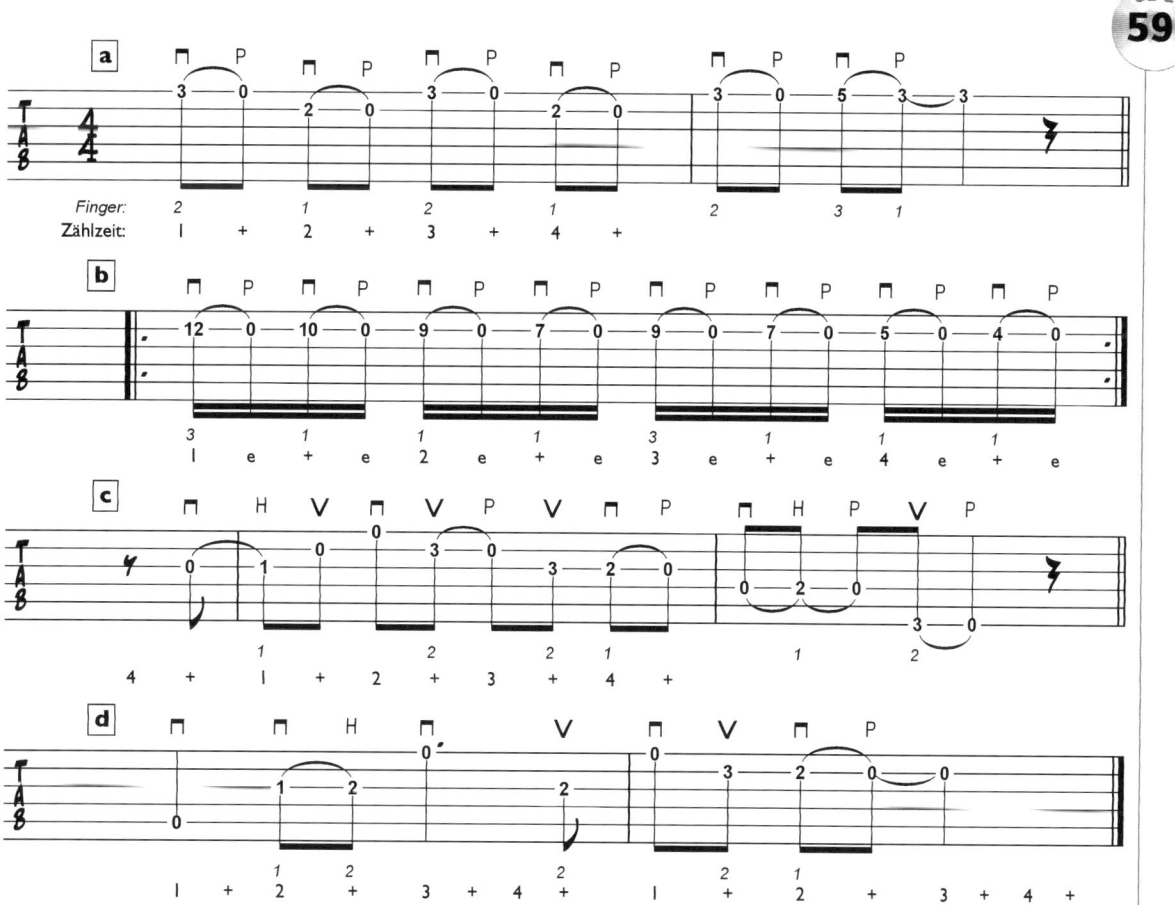

Bend

Ein *Bend* (*biegen, spannen; Saiten ziehen*) dehnt die Saite *quer* zum Griffbrett und *erhöht* dadurch die Tonhöhe. Im Gegensatz zu den anderen Legatotechniken Hammer-on, Pull-off und Slide kann man die Tonhöhe *stufenlos* verändern, was *sehr weiche* Übergänge ermöglicht. Auch lassen sich Zwischentöne erzeugen, die außerhalb unseres westlichen Tonsystems mit seinen Halbtonschritten liegen. Wie leicht dir ein Bending fällt, hängt von mehreren Faktoren ab:

- *Wie hoch ist die Saitenspannung deiner Gitarre?*
- *Wie stark wird die Saite gedehnt?*
- *und besonders, wie gut ist deine Greifhand bereits trainiert?*

Release

engl. = loslassen

Lässt man eine gezogene Saite, während sie weiter schwingt, wieder zurück zum Ausgangston, nennt man das *Release*.

Das Bending geht leichter von der Hand, wenn du *weitere Finger* zu Hilfe nimmst: Ein Bend mit dem *Mittelfinger* kann durch den *Zeigefinger*, ein Bend mit dem *Ringfinger* durch *Zeige- und Mittelfinger* unterstützt werden. Die *drei hohen Saiten* (g-, b- und hohe e-Saite) werden *in Richtung Daumen* gedehnt (*vgl. Fotos*).

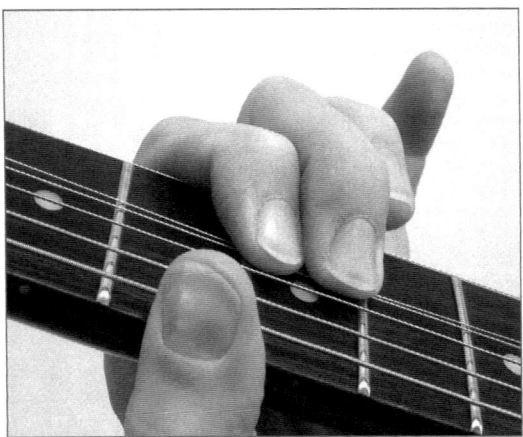
Bend mit Mittelfinger ❷, *unterstützt durch Zeigefinger* ❶.

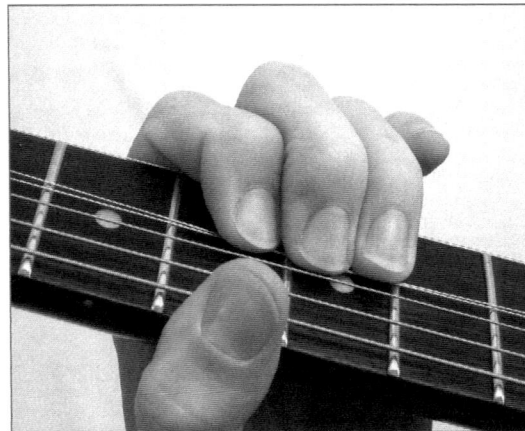
Bend mit Ringfinger ❸, *unterstützt durch Zeige-* ❶ *und Mittelfinger* ❷.

In der Tabulatur wird ein Bend durch einen *Legatobogen*, der den Ausgangs- mit dem Zielton verbindet, notiert. Über dem Zielton steht zusätzlich ein „B" für *Bend*. Bei *Release* steht entsprechend ein „R".

Bend Übungen

In dieser Übung lernst du die grundlegenden Bends, die den Ton um *einen* bzw. um *zwei Halbtonschritte* erhöhen. Achte darauf, den Zielton genau zu treffen. Vergleiche die Tonhöhe deshalb mit dem normal gegriffenen Zielton.

CD 2
60

B = Bend
R = Release

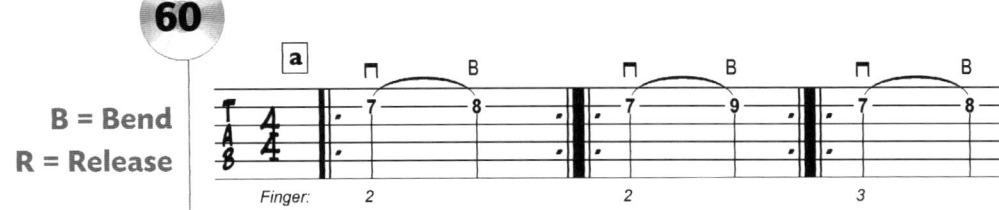

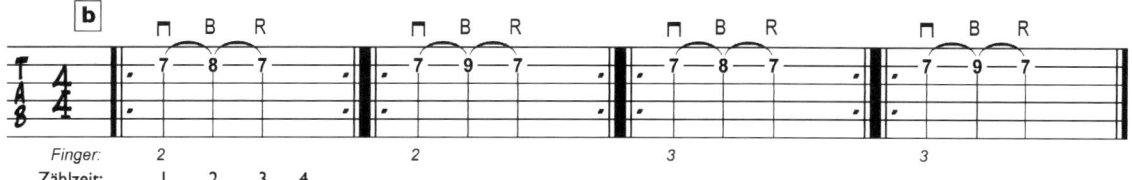

Übertrage die Übung auch *in andere Lagen* und auf *andere Saiten*. Beachte die unterschiedliche Kraft, die je nach Lage und Saite für ein Bend nötig ist.

Vorsicht: Um Hand und Finger durch Bendings nicht zu überlasten, solltest du nicht zu lange am Stück üben und regelmäßig Pausen einlegen.

Bend Licks

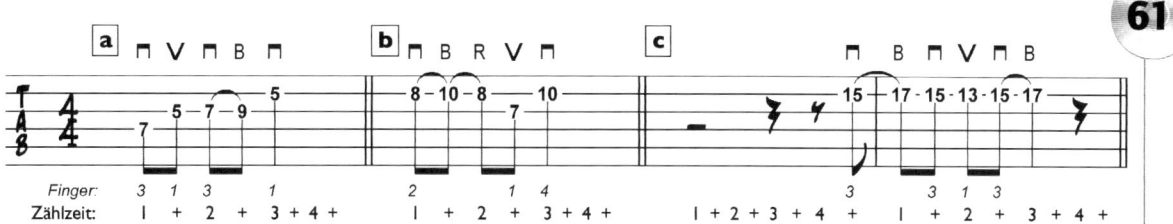

Bend-in (Vorschlagnote)

Der Ton, von dem aus das Bend ausgeführt wird, wird angeschlagen (*Vorschlagnote*) und sofort *zum Zielton* gezogen. Man schlittert also *schnell* in den Zielton hinein. Dadurch wirkt der Tonanfang noch geschmeidiger als bei einem Slide-in (▸ *S. 40 ff*). Die Vorschlagnote wird als *kleine Note* vor die Zielnote geschrieben.

Bend-In Licks

Achte auf die *genaue* Tonhöhe.

Unisono-Bend

Beim **Unisono-Bend** (*unisono, ital. = im Einklang*) wird ein Ton auf die gleiche Tonhöhe eines zweitens Tons auf einer benachbarten Saite gezogen. Die beiden Töne klingen dann „im Einklang". Das Bend beginnt in der Regel von einer Vorschlagnote aus.

unisono

ital. = im Einklang

Licks mit Unisono-Bend

Greife den zu ziehenden Ton (*Vorschlagnote*) mit dem *Ringfinger* (unterstützt durch den *Mittelfinger*) und den zweiten Ton mit dem *Zeigefinger*. Schlage nun beide Saiten an und führe den Bend-in *schnell* aus. Die beiden Töne sollen gleich klingen. Achte auf die Tonhöhe des Bend.

CD 2 — 63

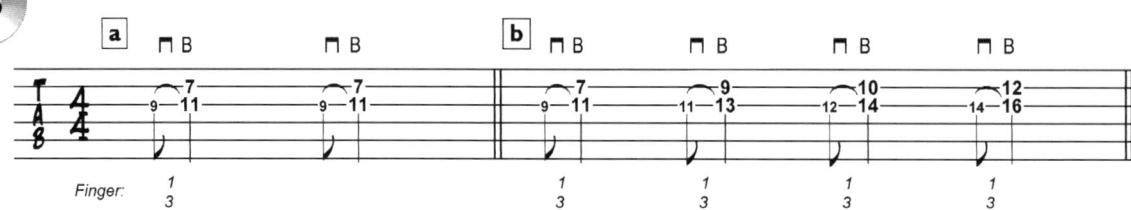

Tipp:

▶ *Es kann passieren, dass du beim Unisono-Bend ungewollt die zweite Saite, die eigentlich mitklingen soll, berührst und dadurch abdämpfst. Ändere dann die Haltung der Greifhand in der Weise, dass die Finger (in diesem Fall Ringfinger und Mittelfinger) etwas steiler auf dem Griffbrett stehen und die zweite Saite frei schwingen kann.*

Hold Bend

Soll ein Bend gehalten und der gezogene Ton nochmals angeschlagen werden, bezeichnet man das als *Hold Bend*.

Licks mit Hold Bend

Hold Bend in allen Variationen:

(a) bei „normalem" Bend   (b) bei Bend-in   (c) bei Bend-in mit Release

CD 2 — 64

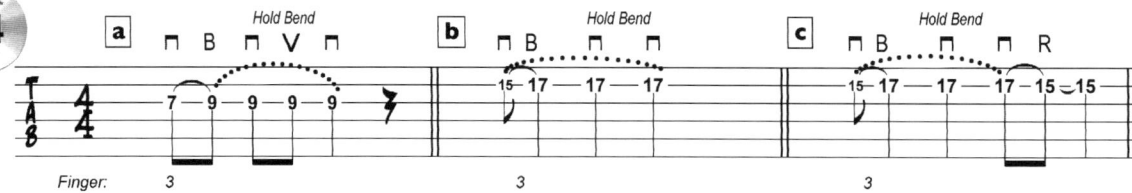

(d) bei Unisono-Bend

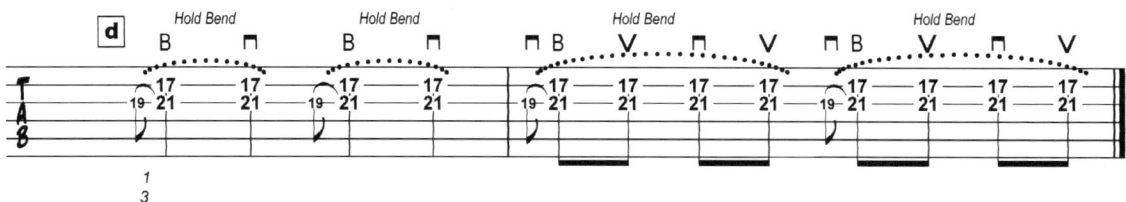

Achte darauf, die gezogenen Töne konstant zu halten. Beginne wie immer *langsam!*

Spiele die Licks auch *in anderen Lagen*.

Spielwiese: Latin Rock

Zum Abschluss des Buches nun dein *Gesellenstück*: Ein langes Solo im Stile von **Carlos Santana**!

Typisch für Carlos sind singbare Licks, Ideen, die aufeinander aufbauen, „Atempausen" zwischen den einzelnen Teilen, die Rhythmik und natürlich der Sound. Dabei wirst du auch die Spiel- und Legatotechniken in einem größeren musikalischen Zusammenhang erleben.

CD		
CD 2 **65**	**Vollplayback**	komplette Besetzung
CD 2 **66** - CD 2 **76**	**Lead-Gitarre** - Die einzelnen Abschnitte	langsamer und ohne Bandbegleitung
CD 2 **77**	**Halbplayback**	Das Stück ohne Lead-Gitarre

Lead-Gitarre

Einüben

Ich habe das Solo wieder in *einzelne Abschnitte* unterteilt. Die Nummern geben die Tracks auf der CD an, wo du die Abschnitte alleine und langsamer hören kannst. Diese Einzelteile dürften dir keine großen Probleme bereiten, da du die meisten schon in Übungen oder Licks kennen gelernt hast.

Beachte die Schlagrichtung: An manchen Stellen wird der durchgängige Wechselschlag aufgegeben und das Schlagmuster passt sich der Rhythmusfigur an.

Die Hauptarbeit wird darin bestehen, die Teile *zu einem Ganzen* zusammen zu setzen. Gehe wie immer *Schritt für Schritt* vor:

- *Lerne zuerst jeden Abschnitt für sich auswendig.*
- *Spiele dann den ersten und zweiten Abschnitt hintereinander, und zwar solange, bis es wie im Schlaf klappt.*
- *Hänge den dritten Abschnitt dran und spiele vom ersten bis zum dritten Abschnitt ohne Unterbrechung.*

In dieser Weise arbeitest du dich bis zum Ende des Solos durch. Beginne jeweils *langsam* und steigere erst nach und nach das Tempo.

Soundempfehlung

stark verzerrter Leadsound, aber nicht zu stark, der Amp sollte noch auf unterschiedliche Anschlagstärken reagieren. Ein dezent eingesetztes *Delay* mit langer Verzögerungszeit oder/und *etwas Hall* verleihen dem Ton zusätzlich Größe und Tiefe.

Santa Anna
Lead Gitarre

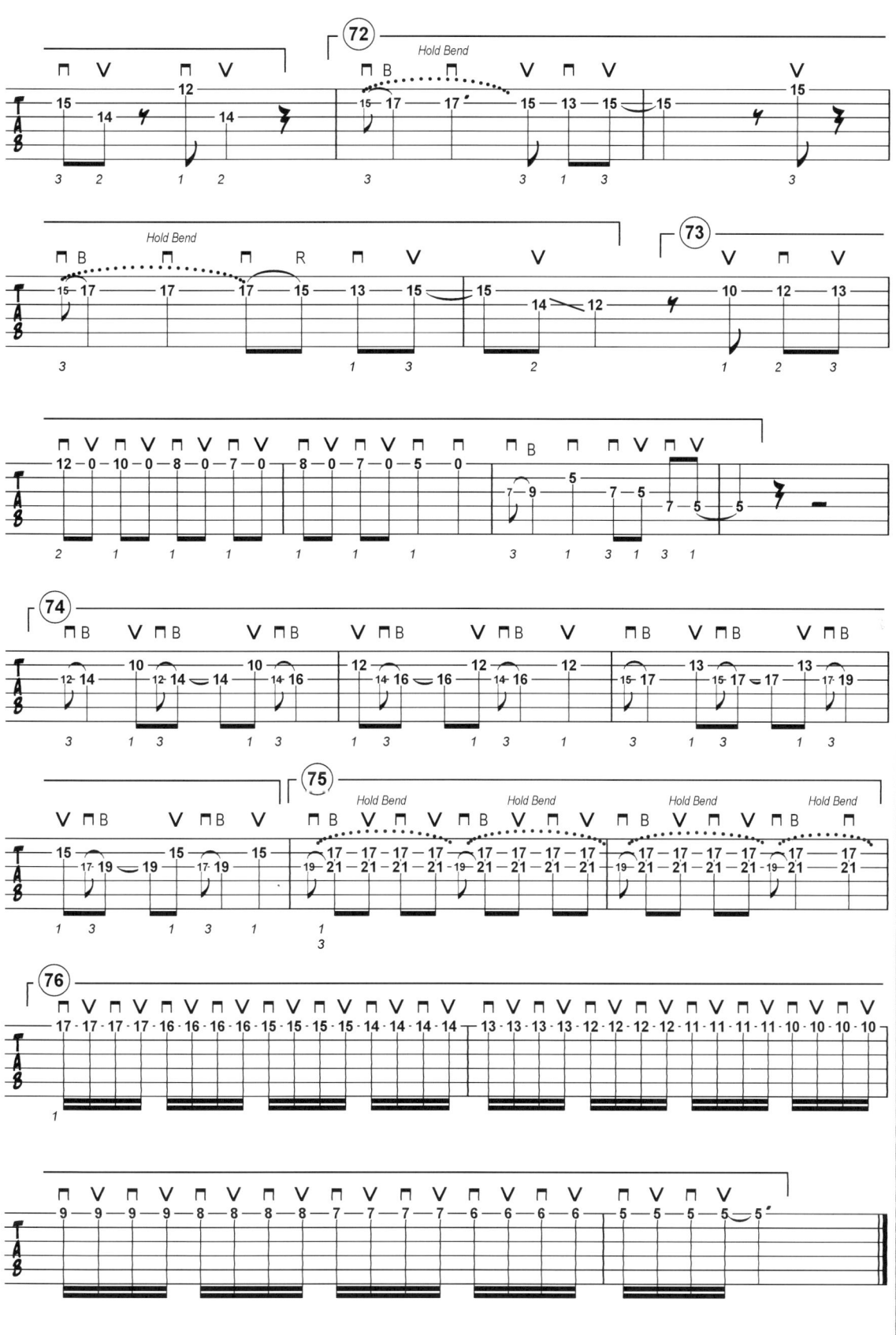

Santa Anna
Begleitgitarre

Das ganze Stück hindurch wechselt die Begleitung zwischen den zwei Akkorden Am7 („**A-Moll sieben**") und D9 („**D neun**") . Dabei werden geschickte Voicings (▶ *S. 100f*) verwendet, sodass sich nur ein Ton ändert. Dämpfe für die Pausen ab, indem du den Greifdruck nachlässt (▶ *S. 23*).

Soundempfehlung

klar (*clean*) bis leicht verzerrt (*crunch*) mit *etwas Hall*.

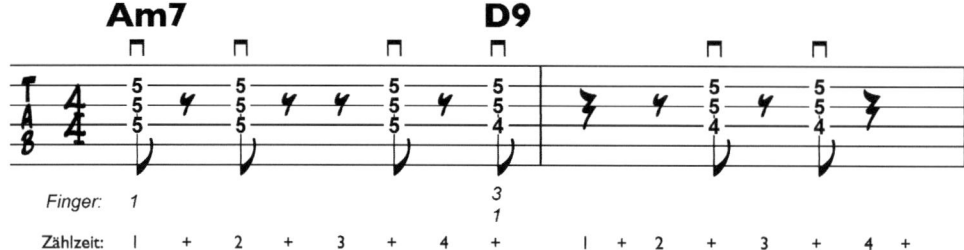

10 Anhang

Zum Nachschlagen

Abkürzungen und Symbole
Die römischen Zahlen
Die Stammtöne
Konventionelles Stimmen
Aufziehen neuer Saiten
Lösungen

10 Anhang

Abkürzungen und Symbole

Symbol	Bezeichnung	Beschreibung	Seite
⊓	Abschlag	Saite von oben Richtung Fußboden anschlagen	S. 18
V	Aufschlag	Saite von unten anschlagen	S. 34
/ \	Slide (aufwärts/abwärts)	Mit dem Greiffinger auf der Saite entlang rutschen/gleiten	S. 40
H	Hammer-on	Mit dem Greiffinger auf die Saite hämmern	S. 114
P	Pull-off	Den Greiffinger von der Saite abziehen	S. 115
B	Bend	Die Saite quer zum Griffbrett dehnen	S. 118
R	Release	Die gedehnte Saite wieder in die Ausgangsstellung zurückführen	S. 118
mute	Abdämpfen der Saiten	Die Saite mit der Hand abdämpfen	S. 82
palm mute	Abdämpfen der Saiten mit der Schlaghand		S. 83
‖: :‖	Wiederholungszeichen	Die Takte zwischen diesen Zeichen werden wiederholt	S. 20
⁄.	Faulenzer (wie vorheriger Takt)	Wiederholung des vorangegangenen Taktes, ohne ihn erneut auszuschreiben	S. 60

Die römischen Zahlen

Für Finger, Zählzeiten, Intervall eusw. werden die *arabischen*, d.h. unsere „normalen" Zahlzeichen verwendet (1, 2, 3 usw.). Die *Bünde* sind zur besseren Unterscheidung mit *römischen Zahlen* durchnummeriert.

1	2	3	4	5	6	7	8	9	10	11	12
I	II	III	IV	V	VI	VII	VIII	IX	X	XI	XII

13	14	15	16	17	18	19	20	21	22	23	24
XIII	XIV	XV	XVI	XVII	XVIII	XIX	XX	XXI	XXII	XIII	XIV

Die Stammtöne auf dem Griffbrett

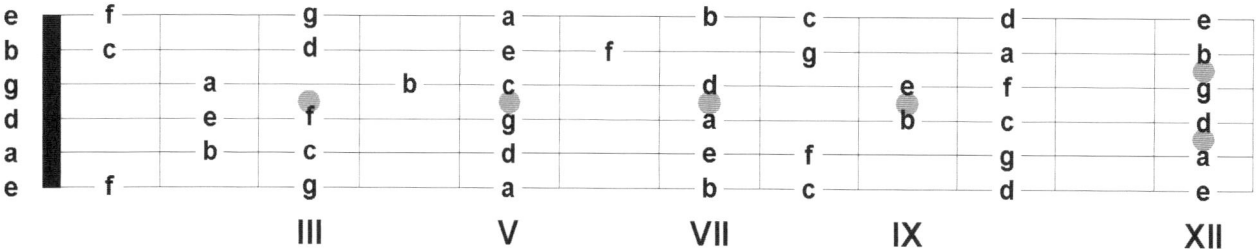

Ab dem XII. Bund wiederholt sich das System. Der XII. Bund entspricht den Tönen der Leersaiten, der XIII. Bund denen des I. Bunds usw.

Konventionelles Stimmen der Saiten

Vergleiche den Ton der zu stimmenden Saite mit dem jeweiligen Vergleichston. Klingt die Saite zu tief, spannst du die Saite etwas mehr. Klingt die Saite im Vergleich zu hoch, verringerst du die Saitenspannung etwas.

1. Schritt
Stimme die a-Saite nach einem anderen Instrument (zweite Gitarre, Klavier, Keyboard, Stimmgabel).

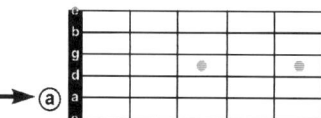

2. Schritt
Greife die a-Saite am V. Bund. Stimme die d-Saite nach diesem Ton.

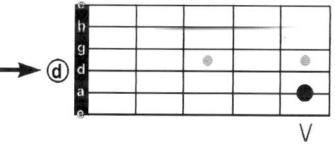

Ton d = a-Saite V. Bund

3. Schritt
Greife die d-Saite am V. Bund. Stimme die g-Saite nach diesem Ton.

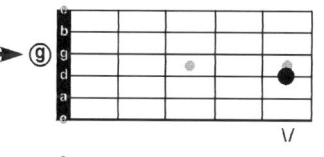

Ton g = d-Saite V. Bund

4. Schritt
Greife die g-Saite am IV. Bund (!). Stimme die b-Saite nach diesem Ton.

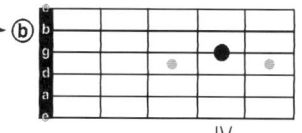

Ton b = g-Saite IV. Bund

5. Schritt
Greife die b-Saite am V. Bund. Stimme die hohe e-Saite nach diesem Ton.

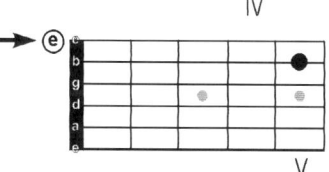

Ton e = b-Saite V. Bund

6. Schritt
Stimme jetzt erst die tiefe e-Saite nach der hohen e-Saite. Die beiden Saiten haben zwar nicht die gleiche Tonhöhe, aber die Töne klingen gleich (wie bei Männer- und Frauenstimmen).

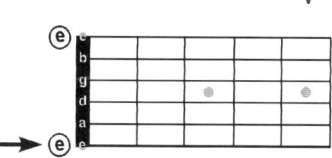

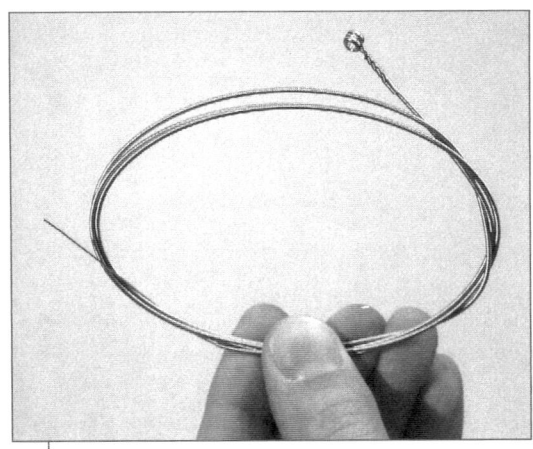

Das Aufziehen der Saiten

1. Schritt
Entferne die *alte/n* Saite/n!

2. Schritt
Nimm die *neue/n* Saite/n aus der Verpackung. Das *Ballend* (rundes Endteil) dient zur Befestigung am Korpus. Es sind hauptsächlich *zwei Systeme* verbreitet:
- die Saite wird von hinten durch den Korpus und dann über den Steg geführt.
- das Ballend wird beim Steg eingehängt.

3. Schritt
Ziehe die Saite *straff* und führe sie dabei so, wie sie endgültig zu liegen kommen soll, über den *Steg und Sattel*. Halte die gestraffte Saite neben die Mechanik, an der sie aufgewickelt werden soll. Schneide nun die Saite mit einem *Seitenschneider* ab, sodass etwa *fünf Zentimeter* zum Aufwickeln bleiben.

4. Schritt
Stecke die Saite durch das *Loch* in der Mechanikachse, sodass das Saitenende etwa *einen Zentimeter* herausschaut. Knicke die Saite auf beiden Seiten des Lochs in *scharfem Winkel* ab.

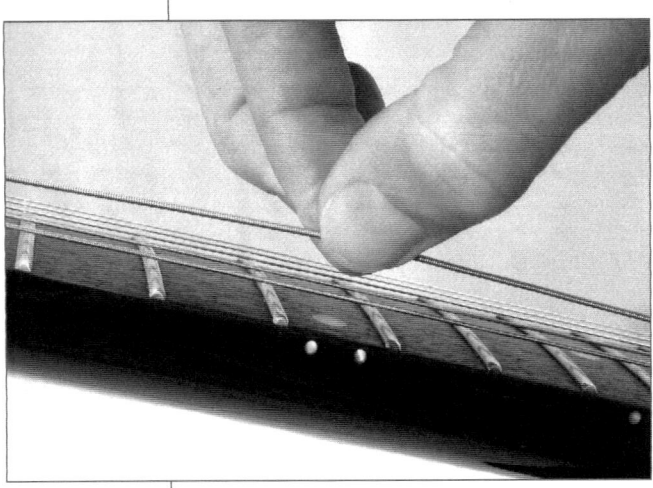

5. Schritt
Wickele die Saite nun mit Hilde der *Mechanik* (Wirbel) auf, wobei eine Hand die Saite führt, damit die Wickelungen sauber untereinander zu liegen kommen.

6. Schritt
Wenn du alle Saiten gewechselt hast, *stimme* die Gitarre einmal durch.

7. Schritt
Neue Saiten müssen sich erst auf die Spannung einstellen. Gehe Saite für Saite vor. *Dehne* die Saite am 12. Bund, indem du sie mit Zeigefinger und Daumen der rechten Hand so weit senkrecht hochziehst, dass der Abstand zwischen Saite und Griffbrett etwa *zwei Zentimeter* beträgt. Lasse die Saite langsam zurück und stimme erneut. Wiederhole diesen Vorgang von Dehnen und Stimmen etwa *drei bis vier Mal*. Dann sollte die Saite die Stimmung halten.